私鉄特急ギャラリー

撮影：小川裕夫（特記以外）

東 … 京成電鉄、54ページ）

奇抜なデザインで特別な車体色も人気の「ラピート」50000系（南海電気鉄道、212ページ）

東の看板特急

個室つきの快適な車内空間を誇る「スペーシア」100系（東武鉄道、20ページ）

「ロマンスカー」の象徴・展望席を復活させたVSE・50000形（小田急電鉄、62ページ）

西の看板特急

険しい高野山をよじ登るパワーを誇る「こうや」30000系（南海電気鉄道、212ページ）

2階建て車両に「プレミアムカー」も加わった8000系（京阪電気鉄道、144ページ）

190ページ参照

近鉄特急の世界①

私鉄特急最高峰の設備で土休日は予約困難な「しまかぜ」50000系

志摩スペイン村の開業に合わせてデビューした「伊勢志摩ライナー」23000系

近鉄特急の世界②

190ページ参照

ビジネス需要が高い名阪特急を中心に運行する「アーバンライナーnext」21020系

デビュー40年を迎えてもリニューアルを経て活躍を続ける「ビスタEX」30000系

人気の無料特急

2ドア、クロスシートが人気の2100形「KEIKYU BLUE SKY TRAIN」(左、京浜急行電鉄、112ページ)

3ドアの通勤車両ながら豪華な車内設備を誇る9300系(阪急電鉄、158ページ)

私鉄特急の新潮流

「いままで見たことがない」がコンセプトの「Laview」001系（西武鉄道、40ページ）

JRのグリーン車を超える設備を誇る8000系の「プレミアムカー」（京阪電気鉄道、144ページ）　撮影:清談社

観光特急の車内

京町家をイメージしたインテリアに改造された「京とれいん」6300系（阪急電鉄、158ページ）　撮影:清談社

勤車両の改造とは思えない「青の交響曲（シンフォニー）」16200系（近畿日本鉄道、190ページ）　撮影:清談社

私鉄特急の謎

思わず乗ってみたくなる「名・珍列車」大全

小川裕夫

イースト新書Q
Q062

プロローグ　これだけは知っておきたい！　私鉄特急の基礎知識

そもそも「私鉄」とは何か

１９４９年に発足した日本国有鉄道（国鉄）は長らく日本の鉄道業界に大きな存在として君臨した。しかし、国鉄が抱える問題は歳月とともに膨らみ始める。そして、ついに１９８７年に分割民営化され、新たに民間企業のＪＲとして再出発する。

大半の株式を保有しているのは政府だ。まだ純粋な民間企業とはいいがたいが、お役所的と批判されがちだった経営方針は大きく転換し、サービス面も全般的に向上している。

鉄道業界ではＪＲや公営鉄道を「私鉄（民鉄）」と見なさないことが慣習になっている。また、旧国鉄線から第三セクターに転換された鉄道会社も私鉄と呼ばない。さらに、私鉄から第三セクターに転換された茨城県の、ひたちなか海浜《かいひん》鉄道なども存在する。そうして考えると案外、「私鉄」の定義は複雑といえる。

現在、日本国内で旅客鉄道として営業を続けている「私鉄」は、北は青森県の津軽《つがる》鉄道、南は熊本県の熊本電気鉄道までである。本書では大手私鉄と呼ばれる16社のうち、東京地下鉄（東京メトロ）を除く15社を取り上げた。

大手私鉄は東京圏、名古屋圏、大阪圏、福岡圏という大都市圏に偏在している。そのため、人口減少や高齢化による利用者減は大手私鉄でも目立ってきている。私鉄は明治期から運輸収入（運賃や特急料金など）の減収を補うべく副業にも力を入れている。その一方でシナジー効果も生みホテル、遊園地、住宅分譲、百貨店経営を多角的に展開。沿線に住宅を分譲すれば、住宅が売れるだけでなく、鉄道の利用者も増え、車内広告が売れるようになるし、エキナカに積極的に展開できるようになり、小売業の売り上げも伸びる。副業は社風ともいえる各社の沿線カラーにも大きな影響をおよぼした。そうした沿線ごとの差異が明確に出るあたりも私鉄のおもしろさといえるかもしれない。

路面電車から始まった私鉄の歴史

大手私鉄は人口の多い都市圏を中心に路線を広げているので、JRと競合関係にある区間も少なくない。

時代とともに微妙に関係性が変わっている部分もある。たとえば栃木県の日光《にっこう》への輸送で熾烈《しれつ》な競争を繰り広げてきた**東武鉄道**《とうぶ》（以下、私鉄特急が運行されている社名、路線、停車駅、列車名、主な車両名は**太字**で表記）とJRは2006年に共同で特急列車の運行を開始した。激しく火花を散らしてきた両社が協力関係を築くことは以前だったら考えられなかった。

もともと東京圏や大阪圏の大手私鉄の多くは明治期に路面電車を母体として発足した。当時、路面電車は電気鉄道と呼ばれた。電気鉄道は電気が供給されているエリアしか走れないから、必然的に路線網は都市圏になる。一方、国が建設した鉄道は全国をくまなくカバーし、汽車が主流だった。こうして市内などの近距離の移動は電気鉄道、長距離の移動は汽車という住み分けが生まれる。

時代とともに電気が普及すると、電気鉄道は営業範囲を市内から広げていく。こうして都市と都市を結ぶようになり、だんだん路面電車から脱皮していく。その先鞭《せんべん》をつけたのが大阪と神戸《こうべ》という都市間を結んだ**阪神電気鉄道**《はんしん》（阪神）だ。阪神は路面電車として開業を申請した。大阪－神戸間には国有鉄道（国鉄発足前は時期によって運営主体が異なるため、本書では国有鉄道に表記を統一する）が走っており、経営陣は競合関係の鉄道は許可されないと踏んだためだ。

しかし、阪神は一部の区間を道路に敷設しただけで、ほかは鉄道専用の線路を建設した。阪神が先例となり、電気鉄道＝電車が路面電車を指す用語ではなくなり、東京圏や大阪圏などの都心部では鉄道＝電車という概念が現在では一般的になっている。

大手私鉄はＪＲに比べると直線区間が短い。また、路面電車が出自のため、駅間も短い。そうした事情もあり、スピード競争では、いまだ私鉄が不利であることは否めない。そうしたハンディを負っている私鉄は不利を克服すべくサービス面に力を入れてきた。それが時代とともに私鉄各社の新たな武器になっている。

「着席確保」という新しいトレンド

国内の人口が右肩上がりを続けてきた時代は、私鉄各社は沿線に住宅地を造成し、ときに街をまるごと生み出したりもした。

人口増が停滞する２０１０年代に入ると状況は一変する。通勤利用は鉄道会社の収益を支える大きな収入源だから、高齢化は鉄道会社の経営を揺さぶる大きな要因でもある。

そうした負の波を乗り越えるべく、私鉄は新たな取り組みを始めた。それが特急列車やライナーなどの快適に移動できるサービスの拡充だった。鉄道各社は運賃に少しプラスアルファした料金で座って通勤、通学できる列車を登場させた。

当初、着席確保を謳《うた》う列車は特急用車両の回送列車を営業運転する態勢だった。最近は着席確保用の車両を特別にあつらえる私鉄も出てきた。その背景には私鉄各社の沿線価値向上という狙いがある。以前からＪＲとの競争を強く意識し、無料で特急に乗車できた関西私鉄でも、最近は別料金を必要とするハイグレードな車両や座席がお目見えしている。

列車自体が旅の目的となった「観光列車」

特急列車は一般的にクロスシート、ボックスシートと呼ばれる２人がけ、４人がけの椅子が配置される。通勤用車両はロングシートと呼ばれる座席が主流で、一度にたくさんの人が座れる。経済効率だけを見ればロングシートに軍配が上がるが、車窓を楽しみづらいし、駅弁を食べることにも向いていない。利用者が頭打ちになる現在、快適性を高めた車両を投入して利用者を囲い込むことが最重要課題となる。通勤ライナーもその一例だ。

昨今、団塊世代が大量に現役を引退している。余暇を楽しむシニア層が拡大したことを受けて新たな観光需要の創出を迫られ、加えて乗りたくなるような観光列車が求められるような風潮も生まれた。

それまでの鉄道車両はたんなる移動手段と見られる向きが強く、機能的な座席や短い所要時間などが重要視されたが、最近は「短い所要時間」はあまり気にされない傾向になりつつある。絶景区間では景色を楽しむ時間や撮影する時間などが設けられることもある。

それより車窓が堪能できる大きな窓、雰囲気のあるインテリア、充実した飲食、おもてなしのサービスに軸足は移りつつある。

地方私鉄でも活躍する特急

本書は大手私鉄を取り上げているが、地方私鉄でも特徴のある特急を走らせている。紙幅の関係もあるので、ここで簡単に触れておきたい（一覧は10～11ページの図表を参照）。

山梨県の**大月《おおつき》駅**－**河口湖《かわぐちこ》駅**間を結ぶ**富士急行《ふじきゅうこう》**は起点の大月駅でJR中央《ちゅうおう》本線と接続している。そうしたアクセスのよさと富士山《ふじさん》という屈指の観光地を抱えるため、観光特急を走らせている。特急専用車両のバリエーションも豊富で、「**富士山ビュー特急**」はJR東《とう》海《かい》からの譲渡車両を改造。同じく「**フジサン特急**」として走る特急車両は**小田急《おだきゅう》電鉄**から、快速「富士登山電車」は**京王《けいおう》電鉄**からの譲渡車を改造している。改造にあたり、車体カラーリングを変更したほか、内装のインテリアを一新。そのため、元の車両とは雰囲気も大きく異なっている。

富山県の**宇奈月《うなづき》温泉駅**や**立山《たてやま》駅**といった観光地にアクセスする**富山地方鉄道**は**西武《せいぶ》鉄道**から特急車両として「**レッドアロー**」を譲り受けた。しかし、老朽化もあり、2011年に一部の編成のリニューアル改造が施される。「ななつ星《ぼし》in九州」のデザインを担当した水《み》戸《と》岡《おか》鋭治《えいじ》氏がリニューアルを担当。内装は木材をふんだんに使用し、車内にはソファーも設置。また、雄大な立山連峰を堪能できるよう外向きの座席も設置された。

長野電鉄は小田急から「**ロマンスカー**」を譲り受けている。短編成化され、新たに「**ゆけむり**」との列車名を与えられた「ロマンスカー」は温泉地の**湯田中《ゆだなか》駅**にアクセスする特急列車として運行。湯田中駅から近い渋《しぶ》温泉へのアクセスも担っている。また、JR東日本で「成田《なりた》エクスプレス」として活躍した車両も2011年から運行を開始。同列車の愛称「**スノーモンキー**」は渋温泉に近い地獄谷《じごくだに》野猿公苑《やえんこうえん》の温泉につかるニホンザルに由来している。

兵庫県神戸市と姫路《ひめじ》市を結ぶ**山陽《さんよう》電気鉄道**は直通特急とS特急を運行しているが、詳細は阪神の章（176ページ）で紹介する。

社名	種別	形態	列車名	最長運行区間	距離	車両名	備考
長野電鉄	A特急、B特急	○	（なし）	長野ー湯田中	33.2km	ゆけむり、スノーモンキー	自社線内で運行
伊勢鉄道	特急	○	南紀	（名古屋）ー（紀伊勝浦）	246.0km	JR東海:キハ85系	JRに直通
IRいしかわ鉄道	特急	○	サンダーバード	（大阪）ー（和倉温泉）	338.6km	JR西日本:681、683系	
			能登かがり火	金沢ー（和倉温泉）	71.0km		
富山地方鉄道	特急	○	うなづき	電鉄富山ー宇奈月温泉	53.3km	アルプスエキスプレス、16010形など	自社線内で運行
			くろべ	電鉄黒部ー宇奈月温泉	16.1km		
			アルペン特急	立山ー宇奈月温泉	67.7km	16010、14760形	
京都丹後鉄道	特急	○	たんごリレー	福知山ー網野	61.8km	タンゴディスカバリー	自社線内で運行
			はしだて	（京都）ー久美浜	166.2km		JRに直通
泉北高速鉄道	特急	○	泉北ライナー	（なんば）ー和泉中央	27.7km	12000系	南海に直通
能勢電鉄	特急 *2	×	日生エクスプレス	（梅田）ー日生中央	28.0km	6000系	阪急に直通
山陽電気鉄道	直通特急	×	（なし）	（梅田）ー山陽姫路	91.8km	一般車両全般	阪神に直通
	S特急			（阪神・神戸三宮）ー山陽姫路	60.6km		
				（阪急・神戸三宮）←東二見 *3	65.3km		阪神、阪急に直通
一畑電車	特急	×	スーパーライナー*2	松江しんじ湖温泉←電鉄出雲市	33.9km	5000系、ご縁電車しまねっこ号	自社線内で運行
			（なし）	電鉄出雲市ー出雲大社前 *3	13.2km	一般車両全般	
智頭急行	特急	○	スーパーはくと	（京都）ー（倉吉）	293.3km	HOT7000系	JRに直通
			スーパーいなば	（岡山）ー（鳥取）	141.8km	JR西日本:キハ187系	
土佐くろしお鉄道	特急	○	南風	（岡山）ー中村	294.4km	JR四国:2000系	
			しまんと	（高松）ー宿毛	298.0km		
			あしずり	（高知）ー宿毛	138.7km		

*1:乗り入れ先で種別変更が行われるため、本書では押上を始発駅とした。*2:平日のみ。*3:土休日のみ。
*4:乗り入れ先で種別変更が行われるため、本書では渋谷を始発駅とした。*5:土休日はVSE、GSEのみで運行。

[本書のデータと路線図について]
特記以外は2019年9月末時点のデータまたは発表されているデータで作成。形態の欄の○＝全車・全区間特急料金あり、●＝全車・一部区間特急料金あり、△＝一部車両・全区間特急料金あり、×＝全車・全区間特急料金なし。最長運行区間のカッコ内は他社の駅。車両名は他の私鉄との相互直通運転の場合は自社車両のみ記す。社名が記載されている場合は他社車両のみで運行。アミカケはライナー系の列車。路線図は特急を運行している路線のみ掲載。

大手16社以外の私鉄特急

社名	種別	形態	列車名	最長運行区間	距離	車両名	備考
会津鉄道、野岩鉄道	特急	●	リバティ会津	(浅草)ー会津田島	190.7km	東武:リバティ	東武に直通
芝山鉄道	快速特急、特急、通勤特急	×	(なし)	(上野)ー芝山千代田	70.5km	一般車両全般	京成に直通
				(押上)ー芝山千代田 *1	64.7km		
北総鉄道	特急	×	(なし)	(押上)ー印旛日本医大 *1	39.2km	一般車両全般	京成、都営地下鉄、京急に直通
東京都交通局	エアポート快特	×	(なし)	押上ー(羽田空港国内線ターミナル) *1	27.1km	京成:3050系、京急:600、1000系	
東京メトロ	特急	○	メトロえのしま	北千住ー(片瀬江ノ島)	75.7km	小田急:MSE	小田急に直通
			メトロはこね	北千住ー(箱根湯本)	104.4km		小田急、箱根登山鉄道に直通
			メトロホームウェイ メトロモーニングウェイ	北千住ー(本厚木)	61.2km		小田急に直通
	S-TRAIN *2	●	S-TRAIN	豊洲ー(所沢)	38.2km	西武:40000系	西武に直通
東京メトロ、横浜高速鉄道	S-TRAIN *3	●	S-TRAIN	(西武秩父)ー(元町・中華街)	113.6km		東急、西武に直通
横浜高速鉄道	特急、通勤特急 *2	×	(なし)	渋谷ー(元町・中華街) *4	28.3km	一般車両全般	東急、西武、東武に直通
箱根登山鉄道	特急	○	スーパーはこね、はこね	(新宿)ー箱根湯本	88.6km	小田急:特急車両全般 *5	小田急に直通
			メトロはこね	(北千住)ー箱根湯本	104.4km	小田急:MSE	小田急、東京メトロに直通
伊豆急行	特急	○	スーパービュー踊り子	(池袋)ー伊豆急下田	178.7km	JR東日本:251系	JRに直通
			踊り子	(東京)ー伊豆急下田	167.2km	JR東日本:185系	
伊豆箱根鉄道	特急	○	踊り子	(東京)ー修善寺	140.5km		
富士急行	特急	○	フジサン特急、富士山ビュー特急	大月ー河口湖	26.6km	フジサン特急、富士山ビュー特急	自社線内で運行
			富士回遊	(新宿)ー河口湖	104.1km	JR東日本:E257系	JRに直通

私鉄特急の謎●目次

カバー写真解説

右1段目:南海電気鉄道「ラピート」50000系
（212ページ参照）
右2段目:東武鉄道「スペーシア」100系
（20ページ参照）
右3段目:西武鉄道「Laview」001系
（40ページ参照）
右4段目:近畿日本鉄道「しまかぜ」50000系
（190ページ参照）
左上:名古屋鉄道「ミュースカイ」2000系
（126ページ参照）
左下:小田急電鉄「ロマンスカー」GSE・70000形
（62ページ参照）

第1章 東武鉄道

「デラックスロマンスカー」から「スペーシア」へ

データ

種別	形態	列車名	最長運行区間	距離	使用車両名
特急	●	アーバンパークライナー *1	浅草ー大宮	50.5km	リバティ
			浅草ー野田市	48.7km	
			大宮ー運河	33.2km	
	○	きりふり	浅草ー東武日光	135.5km	350系
		きぬ	浅草ー新藤原	144.6km	スペーシア
		けごん	浅草ー東武日光	135.5km	
		しもつけ	浅草ー東武宇都宮	113.2km	350系
	●	スカイツリーライナー	浅草ー春日部	35.3km	スペーシア、リバティ
	○	スペーシアきぬがわ	(新宿)ー鬼怒川温泉 *2	149.8km	スペーシア *3
		スペーシア日光	(新宿)ー東武日光 *2	140.7km	
	●	リバティ会津	浅草ー(会津田島)*4	190.7km	リバティ
		リバティきぬ	浅草ー新藤原	144.6km	
		リバティけごん	浅草ー東武日光	135.5km	
	○	リバティりょうもう	浅草ー館林	74.6km	
		りょうもう	浅草ー伊勢崎	114.5km	200、250系
			浅草ー葛生	96.7km	
			浅草ー赤城	115.0km	
川越特急	×	川越特急	池袋ー小川町	64.1km	50090系
TJライナー	●	TJライナー	池袋ー小川町	64.1km	50090系

*1：平日のみ。*2：JRに直通。*3：JRは253系で「スペーシア」を冠さずに運行。*4：野岩鉄道、会津鉄道に直通。

増結や切り離しが自由自在で支線直通を可能にした「リバティ」500系

路線図

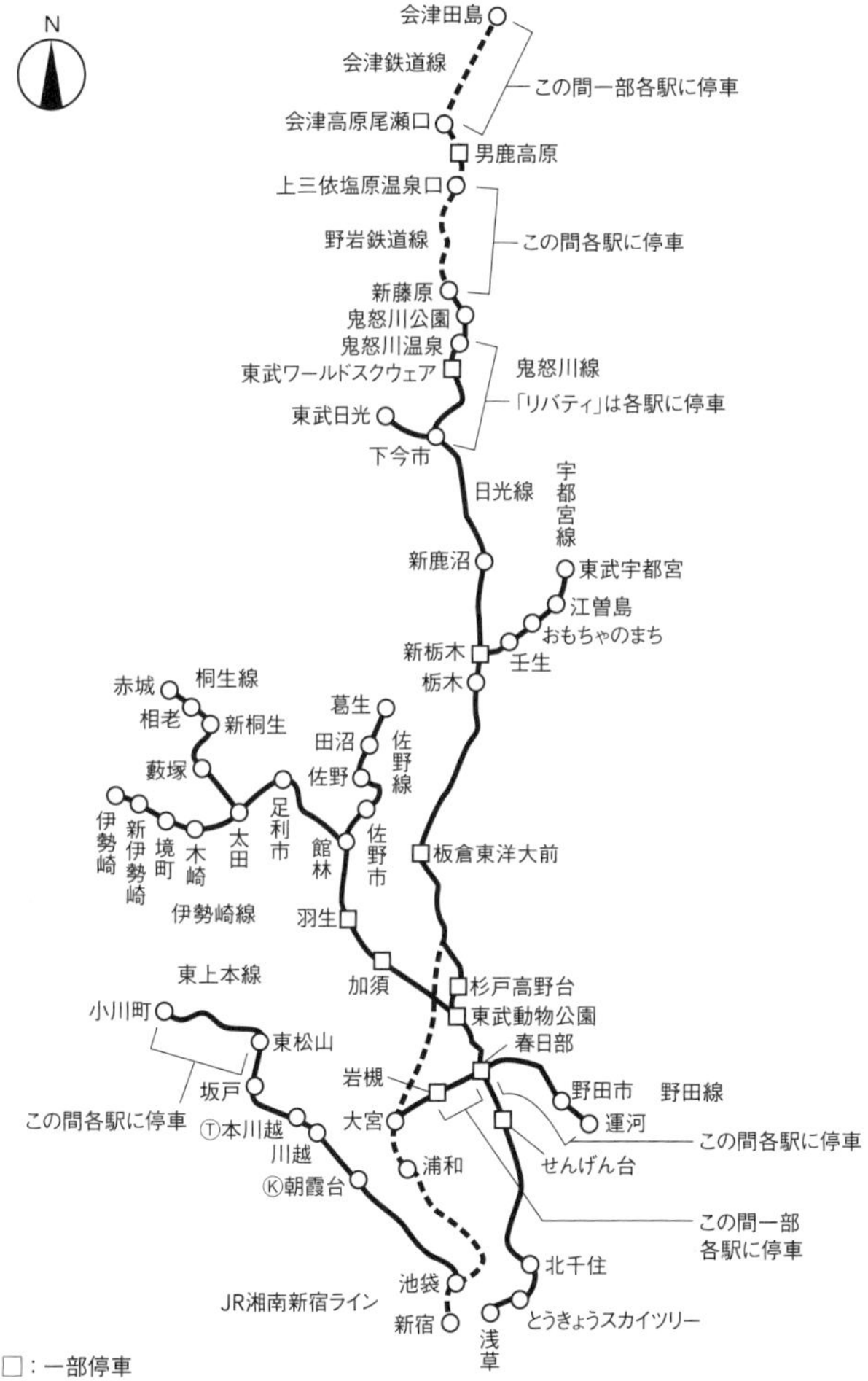

□：一部停車
Ⓚ：「川越特急」のみ停車
Ⓣ：「TJライナー」は下りのみ停車

日光をめぐっての東武と国鉄の闘い

東武《とうぶ》鉄道の歴史は現在の群馬県桐生《きりゅう》市、館林《たてばやし》市と東京を結ぼうと機織業関係の実業家が鉄道敷設を申請したことに始まる。設立登記は1897年11月。これは関東の大手私鉄史のなかでは最古の記録である。

その長い歴史を語るうえで国際観光都市・日光へのアクセスをめぐっての国有鉄道との激しい競争を外すことはできない。この関係は東武が1929年に杉戸《すぎと》駅（現・**東武動物公園駅**）－**東武日光駅**間を開業したときから始まった。

その後、国有鉄道が乗車券のみで乗車できる食堂車を連結した優等列車の運行を開始すると、東武はオープンデッキのある特急を走らせるなど対抗した。1959年に国鉄は日光線を電化。東京駅発着の準急「日光」と新宿《しんじゅく》駅発着の季節準急「中禅寺《ちゅうぜんじ》」を投入した。これによって日光輸送は国鉄が圧勝するかと思われたが、東武は国鉄の1等車（現在のグリーン車）に相当するレベルの「**デラックスロマンスカー**」（DRC）の運行を開始し、サービスを向上させることで巻き返しを図った。そうした執念が実を結び、現在は日光アクセスは東武のほうが活気に満ちている。

日光路への国鉄との競争を勝ち抜いた立て役者「デラックスロマンスカー」は、1990

年にあとを継ぐ「**スペーシア**」に看板特急の座を譲って翌年に引退。しかし、東武沿線の市民はその勇姿を惜しみ、**野田線**《のだ》（愛称は「**東武アーバンパークライン**」）の**岩槻駅**《いわつき》から徒歩20分ほどの場所にある岩槻城址《じょうし》公園内に先頭車両を保存展示している。保存展示された車内は土休日に一般公開されている。

東武とJRが共同運行

東武のターミナル駅は**浅草駅**《あさくさ》。観光地としても人気が高い浅草だが、時代の移り変わりとともに観光客以外のビジネス客を取り込むことも必要となってきた。それには新宿などJR山手線《やまのて》の西側への進出を考えなければならなかった。特急列車を西側に進出させることは東武の悲願だった。

そこでJRと手を組み、**新宿駅**と**池袋駅**《いけぶくろ》に乗り入れることで都心進出を実現した。2006年3月のダイヤ改正で新宿駅と池袋駅から東武の線路を走って東武日光駅、**鬼怒**《きぬ》**川温泉駅**《がわ》方面に走る特急「**日光**」「**きぬがわ**」が登場したのだ。

乗り入れるのは東武の100系で、「スペーシア」の愛称で親しまれている。「スペーシア」は前述のように「デラックスロマンスカー」の後継車として1990年に登場した。

それまでの「デラックスロマンスカー」は、いかにも巨大でゴツいイメージを抱かせるデザインだったが、「スペーシア」は新幹線をイメージさせるような流線型のデザインになった。デビュー当初はジャスミンホワイトを基調にサニーコーラルオレンジとパープルルビーレッドというさわやかな車体カラーになり、明るいイメージを醸し出していた。

その後、東京スカイツリーの開業を機に2011年から2012年にかけてリニューアルを果たした。リニューアルによって、隅田川《すみだがわ》の水をモチーフとした淡いブルーの「粋《いき》」編成、江戸紫《えどむらさき》の「雅《みやび》」編成、サニーコーラルオレンジ編成の3種が登場。2015年には日光東照宮《とうしょうぐう》の四百年式年大祭に合わせて金、黒、朱色を配した荘厳なカラーの編成も登場。カラーバリエーションが豊富になっている。

この「スペーシア」は新宿駅を起点に池袋駅、**大宮《おおみや》駅**とJRの各駅に停車し、栗橋《くりはし》駅の連絡線から東武の線路を走るようになった。いままで日光への観光客輸送で長年のライバル同士だった東武とJRが手を結んだことは鉄道ファンにとっては衝撃だったに違いない。

ともに発展してきた松屋デパートと浅草駅

東武の浅草駅は松屋《まつや》デパートのなかにホームがある。こうしたデパートと電車のターミナ

岩槻城址公園に保存される往年の名車「デラックスロマンスカー」1720系

ル駅が隣接するという形式は現在、大手私鉄では小田急、阪急《はんきゅう》電鉄、南海《なんかい》電気鉄道などで採用されている。しかし、東武がこの松屋デパートのなかに駅を設置したのは1931年と歴史的にも早い時期だった。それは浅草が当時、すでに庶民の繁華街としてにぎわっていたため、新しく駅や線路を敷設するスペースがなかったことが大きく起因している。

東武創業者の根津嘉一郎《ねづかいちろう》は「新しい浅草の象徴になるようなビルを建設する」と宣言。根津と同じ甲州《こうしゅう》（山梨県）出身だった松屋デパートの古屋徳兵衛《ふるやとくべえ》社長の協力を得た。こうして駅と百貨店が一体化した浅草駅（当時は浅草雷門《かみなりもん》駅）がお目見えする。

そんな経緯をたどった浅草駅は少しずつ改

修されてはいるものの、現在でもビルの外壁に「東武浅草」というプレートがとりつけられており、そこから昔の面影を感じ取ることができる。

東武のフラグシップトレイン「スペーシア」

1990年に登場した東武特急「スペーシア」は東武特急のイメージを革新的に刷新した。

「スペーシア」は間接照明を採用しているので、車内は薄ぼんやりしている。これは長距離の乗客に対して目を疲れさせないようにとの配慮からだ。また、足元はふんわりしたじゅうたんが敷きつめられている。これも長旅で足を疲れさせない気づかいでもある。こうした心づかいは、さりげないが気のきいたサービスといえるだろう。

「スペーシア」の車両設備は銀座《ぎんざ》東武ホテルなどのインテリアも担当したデザイナーが手がけた。そのためか、車内はホテルのような雰囲気が漂っている。私鉄初の全室個室車両が連結されているのも大きな特徴だ。

東武のコンパートメント（個室）は完全にドアで仕切られた個室になっている。小さな子どもを連れた家族でも、ほかの乗客に気がねすることなく利用できる。

この個室を利用するには乗車券、特急券のほかに個室利用料が必要になるが、家族でのんびりしたり、仲間たちとワイワイ旅をしたりするには便利だろう。個室には大理石のテーブルや大型ソファーも配置されている。気密性が高いプラグドアでコンパートメントを仕切っているので室内はとても静かで、ゆっくり食事をすることもできる。コンパートメントの定員は4人。もちろん料金を払えば1人でも2人でも利用はできる。

浅草、日光という外国人が多く訪れる国際観光都市間を結ぶ「スペーシア」の車内を見渡すと乗客がとても国際色が豊かであることに気づくだろう。昨今、中国、韓国、台湾、香港《ホンコン》などから訪日する観光客は増加の一途だが、ここではアジア諸国のみならず世界各国から訪日している観光客を目にすることができる。耳をそばだてれば、早口の英語でおしゃべりしているのが聞こえる。そこには「NIKKO」とか「ASAKUSA」といった単語が頻出する。

1964年には旅客機に搭乗しているスチュワーデス（のちにアテンダントと名称変更）を「デラックスロマンスカー」に乗務させるようになった。海外からの観光客の多い日光往復の「デラックスロマンスカー」でアテンダントが英語のアナウンスを行うなど、スピードや車両設備の豪華さだけではなくソフト面でのサービスも充実させていた。2006年に休止されたが、浅草駅や**北千住駅**《きたせんじゅ》などで英語のアナウンスをするステーションアテンダントも配置されていた。

東京スカイツリーと東武の意外な関係

浅草駅は隅田川沿いにあるので、駅を出発すると電車はグルッとカーブしてすぐに隅田川の鉄橋を渡る。川の東岸には隅田《すみだ》公園の緑が鮮やかに見える。この隅田川沿いは春になると桜が咲き誇り、多くの花見客でにぎわう。

隅田川を渡ると東武本社の最寄り駅となる、**とうきょうスカイツリー駅**に到着する。2012年から「スペーシア」の停車駅となった。しかし、以前は業平橋《なりひらばし》駅というわりと閑散とした雰囲気を放つ駅だった。

東京のシンボルとして港《みなと》区芝《しば》に建設された東京タワーの老朽化と増え続ける電波需要のために新たなタワーが建設されることになった。その新タワーが2012年に開業した東京スカイツリーだ。高さ634m（「武蔵《むさし》」に由来）の東京スカイツリーは世界一の電波塔でもある。天高く伸びる白いタワーは竣工《しゅんこう》当時から話題を振りまき、その光景はマンガで見たようなSFの世界を彷彿《ほうふつ》させた。

東武が新たな観光スポットとして力を入れる東京スカイツリーと「スペーシア」100系

この東京スカイツリーと足元にある商業施設のスカイツリータウンは、かつて東武の貨物駅を整備して建設された。

とうきょうスカイツリー駅の前身である業平橋駅は東武の都心側のターミナル駅・浅草駅として開業した。しかし、隅田川の東岸に位置する業平橋駅は東京都心部から離れているために利便性が悪かった。そのため、東武は少しでも都心に近づこうと隅田川を渡ろうとした。東武の念願はかない、１９３１年に東武の線路は隅田川の西岸へと渡り、浅草雷門駅（現・浅草駅）が開業する。

ちなみに東武が浅草雷門駅を開業させた時点で東京のにぎわいは西側へと移動しつつあった。そのため、東武は浅草駅から上野《うえの》駅方面へと延伸を検討したが、実現していない。

隅田川西岸への延伸を実現させたことで、浅草駅を名乗っていた業平橋駅はターミナル駅の役目を譲ることになる。そして貨物輸送の拠点となるが、貨物駅の役割も時代とともに薄れていった。

業平橋駅は6両編成しか入線できない浅草駅に代わり、10両編成の電車の折り返し用ホームが設置され、都営地下鉄浅草線の押上《おしあげ》駅との徒歩連絡で新たな通勤ルートを形成するなど東武の新たなターミナルとして機能する可能性もあった。

しかし、2003年に東京メトロ半蔵門《はんぞうもん》線が押上駅まで延伸開業して**伊勢崎《いせさき》線**との直通運転が開始されると、業平橋駅からターミナル機能は喪失した。

そうした経緯もあり、東武は伊勢崎線の一部区間に「**東武スカイツリーライン**」という愛称を用いて「東武＝スカイツリー」のイメージの定着を図り、また商業施設などを大規模に展開し、とうきょうスカイツリー駅の活性化に余念がない。

なお、当駅から浅草駅までのあいだにかぎって特急料金不要で特急に乗車することが可能で（臨時列車の「スカイツリートレイン」と、「スペーシア」の個室を除く）、数分間ではあるが、東武特急の魅力をお得に堪能することができる。

東武の新たなターミナルへと進化する北千住駅

とうきょうスカイツリーを過ぎたあたりで電車は加速を始める。それもつかのま、すぐに減速を始める。そして大きなカーブを曲がって北千住駅に到着する。このあたりは都心であるために東武の特急は本領を発揮できない。

北千住駅は東京都足立《あだち》区の拠点駅でもあり、埼玉県からも近い。そのため、駅の利用者は埼玉県民も多い。

以前は東京の片隅だった北千住駅だが、最近は大発展して人気タウンへと成長しつつある。北千住駅は東武のみならず東京メトロ日比谷《ひびや》線と千代田《ちよだ》線も発着している。

とくに1962年に営団《えいだん》地下鉄（現・東京メトロ）日比谷線と伊勢崎線が相互直通運転を開始したことは大きかった。

東京都心部への進出は東武の悲願だったが、浅草駅から西へ線路を延ばすことができずにいた。日比谷線を介してはいるものの、北千住駅から都心部へとつながるルートが生まれたことで、伊勢崎線の沿線はベッドタウン化が進んでいく。

1969年には千代田線の駅も開業し、北千住駅は東武の要衝になっていく。半面、駅の混雑は激化。乗り換え客が増えたためにラッシュ時はホームから転落する危険性が高くなった。安全対策のため、東武は北千住駅の改良工事に着手。1997年に工事を完了させた。北千住駅は3層構造に生まれ変わった。

着々と新たな拠点化が進む北千住駅は東武のみならず東京圏の拠点へと成長していく。その引き金になったのが北千住駅を発着する小田急の特急「ロマンスカー」MSE（66ページ参照）の登場だった。2008年にMSEが北千住駅を起点に千代田線を走り抜けて小田急線へと直通する列車の運行を開始する。

これにより、北千住駅から日光と箱根《はこね》という関東でも屈指の観光地へアクセスできるようになる。さらに2015年にはJR上野東京ラインが開業。東海道《とうかいどう》本線を走る伊豆《いず》への特急「踊《おど》り子《こ》」の我孫子《あびこ》駅発着の臨時列車が北千住駅にも停車するようになる。これによって北千住駅は日光、箱根、伊豆という日本を代表する観光地への玄関になった。

一大発展を遂げる北千住駅を過ぎると次に停車するのは**春日部《かすかべ》駅**。春日部駅は野田線と交差する。春日部駅を通過したあたりで、ようやく車窓風景は郊外といった雰囲気を醸し出す。当然、停車駅の間隔は長くなる。現在、春日部駅では立体交差事業が進められている。二つの路線が交差する春日部駅は線路によって街が分断されているほか、開かずの踏切の解消も重要な行政課題になっている。

春日部駅を出た「スペーシア」は東武動物公園駅を過ぎて埼玉県と栃木県の県境あたりにさしかかる。車窓は田園風景一色に染まる。

そして**日光線**と**鬼怒川線**の分岐点になる**下今市駅**《しもいまいち》に到着する。

東武が開発したリゾート地、鬼怒川温泉

「スペーシア」は浅草から日光へ直通する**「けごん」**と鬼怒川方面へと走る**「きぬ」**があるが、当初は「きぬ」の本数が多かった。そこから東武が鬼怒川観光に力を入れていることが読み取れる。鬼怒川が一大温泉地として観光客でにぎわうようになったのは東武グループが総力を結集して開発した成果といえる。

現在の鬼怒川線が東武の下野《しもつけ》電気鉄道の買収によって誕生したのは1943年。あまり知名度がなかった片田舎の鬼怒川温泉を、東武は日光とともに積極的にアピールした。日光の社寺だけを観光資源にするのではなく、鬼怒川温泉、中禅寺湖、奥日光《おくにっこう》をワンセットにして多くの観光客を呼び込んだのだ。そうしたアピールのかいあって、田舎の地味な温泉地だった鬼怒川はしだいに全国区の知名度を獲得。東京から多くの観光客が押し寄せる温泉地になった。

SL「大樹」と連絡特急の下今市駅

下今市駅は私鉄ではめずらしい駅弁売りのおじさんがいることで知られていた。しかし、残念ながら、2015年に売店での販売に変更されて姿を消した。

下今市駅から名物は消えてしまったが、2017年には新たな名物が登場する。

東武は30億円以上もの費用を投じて鬼怒川線でSL「大樹《たいじゅ》」の運行を開始した。SL（蒸気機関車）の運行にあわせて駅舎をレトロ調にリニューアル。駅名看板そのものや看板の書体も国鉄が使用していたものにするなど、鉄道ファンがニヤリとする心憎い演出が施されている。

SLは営業運転中は一方向にしか走ることができないため、方向転換のための転車台と「SL展示館」もあわせて設置された。これらが家族連れに人気を博し、それまでは遠くて敬遠されがちだった鬼怒川に新たな需要を創出した。

下今市駅で東武日光駅行きの電車へ乗り換える。電車はすでにホームに待機していた。東武では浅草駅方面からやってくる「スペーシア」と連絡する電車のダイヤが組まれている。日光に行くにも鬼怒川に行くにも、「スペーシア」に乗車すれば、連絡駅での待ち時間はほとんどない。

モダンな外観のJR日光駅と山小屋風の東武日光駅

下今市駅で連絡特急に乗車すると、ものの8分ほどで東武日光駅に到着する。世界遺産にも指定されている日光の社寺を訪れる前に、東武日光駅と目と鼻の先にあるJR日光駅も見ておきたい。

JR日光駅はモダンな外観をしており、駅の2階には大正《たいしょう》天皇が行幸の際に利用した貴賓室がある。貴賓室にはシャンデリアが飾られ、じゅうたんが敷きつめられている室内には暖炉もあり、気品とアンティークな味わいを醸し出している。

東武・JRの日光駅から日光の社寺を回るには、バスに乗るのがいいだろう。

夜行列車「尾瀬夜行」と「スノーパル」

東武はその長大な路線網を生かして私鉄で唯一の夜行列車を運行している。東武の夜行列車の歴史は長く、1955年には早くも「日光山岳夜行」が運行開始された。2001年までは快速急行、2005年までは急行扱いだったこの夜行列車は2006年から特急扱いで運行されるようになった。

夏はハイカーたちに人気のある尾瀬《おぜ》に向かう「**尾瀬夜行**」、冬はスキー客のための夜行列車「**スノーパル**」となるが、どちらの列車も深夜に浅草駅を出発することは変わらない。夜行列車は伊勢崎線、日光線、鬼怒川線を走って**新藤原駅**《しんふじわら》へ、そこから**野岩鉄道**《やがん》へと乗り入れ、最寄り駅の**会津高原尾瀬口駅**《あいづこうげんおぜぐち》まで走る。

途中、東武の夜行列車は仮眠タイムを設けており、それは現地の到着時間を調整する機能も持っている。

仮眠用の毛布を貸し出すといったサービスもある。こうした夜行列車に乗車する機会はめったにないが、鉄道ファンならずとも、一度は乗車してみたい特急である。

東武の多彩な特急たち

東武は総営業キロ数463・3kmという関東一、国内でも近畿日本鉄道《きんきにっぽん》（近鉄《きんてつ》）に次いで2番目の路線網を持つ私鉄である。東武の看板特急は浅草と日光、鬼怒川を結ぶ「スペーシア」だが、長大な路線網を持つ東武には、それ以外にも多くの特急が運行されている。

まず、浅草駅から発車して**伊勢崎駅**方面に向かう「**りょうもう**」が運行本数も多く、よく知られている。「スペーシア」が日光、鬼怒川という観光地へ走って観光客が多く乗車す

東京と群馬県の主要都市を直結する「りょうもう」200系

るのに対し、「りょうもう」は群馬県の主要都市に停車することから、ほとんどの利用客がビジネスパーソンである。ただし行き先が異なる電車があるので、利用する場合は注意が必要になる。

「りょうもう」のほかに**東武宇都宮《うつのみや》駅**行きの特急「**しもつけ**」、そして「スペーシア」の補助的役割を担う臨時列車「**ゆのさと**」など、東武にはさまざまな特急が運行されている。

そして2017年には新たな特急が加わった。それが「**リバティ**」だ。朝夕の通勤用の特急にも使用されるため、「スペーシア」に比べてシンプルでクールな内装が特徴で、3両編成を二つ連結した6両を基本編成としている。

下今市駅で東武日光駅行きと東武日光駅行きと会津田島駅《あいづたじま》行き、東武動物公園駅で東武日光駅行きと**館林駅**行きに分割して運行するなど柔軟な運行ができるようになっているのも、東武の路線網をフルに活用することが想定されての仕様だろう。「リバティ」は野田線を走る特急「**アーバンパークライナー**」としても運行されるため、東武に新たな特急の魅力が増えることになった。

TJライナーと「川越特急」で活性化する東上線

浅草駅を軸にした伊勢崎線や日光線、鬼怒川線などが目立つ東武だが、池袋駅を起点にした東上《とうじょう》線も東武を支える路線といえる。

東上線は池袋駅－寄居《よりい》駅間の**東上本線**と、途中駅の**坂戸駅**《さかど》－越生《おごせ》駅間の越生線の2線で形成される。沿線住民や利用者の多くは両者を意識せずに「東上線」と区別せずに呼ぶことが一般的になっている。

2008年に東上本線では「**TJライナー**」が運行を開始。「TJライナー」は通勤時間帯に運行される列車で、当初は着席定員制、現在では座席指定制で運行されている。「TJライナー」の特徴は、窓に背を向けて座るロングシートから、特急列車のように窓に直角に配置されたクロスシートにスイッチひとつで切り替わるマルチシートが採用された点にある。これは関東では初導入だった。

当初、「TJライナー」用のマルチシート車は、昼間は一般列車に交ざってロングシート車として運行されていたが、2019年からは「**川越《かわごえ》特急**」として運行。「川越特急」は池袋駅から**川越駅**まで、JR武蔵野《むさしの》線と接続する**朝霞台《あさかだい》駅**のほかは停車しない。ほぼ全列車が停車する和光市《わこうし》駅や志木《しき》駅も通過するほどで、超特急といえる存在だ。しかし、「特急」とつくにもかかわらず、特急料金なしで乗車が可能だ。

第2章 西武鉄道

「レッドアロー」のゆったり空間を継承した「Laview」

データ

種別	形態	列車名	最長運行区間	距離	使用車両名
特急	○	小江戸	西武新宿ー本川越	47.5km	ニューレッドアロー
		ちちぶ	池袋ー西武秩父	76.8km	ニューレッドアロー、Laview
		むさし	池袋ー飯能	43.7km	
S-TRAIN	●	S-TRAIN	(元町・中華街)ー西武秩父 *1	113.6km	40000系
			(豊洲)ー所沢 *2	38.2km	
拝島ライナー	●	拝島ライナー	西武新宿ー拝島	36.9km	

*1：土休日のみ。横浜高速鉄道、東急、東京メトロ副都心線に直通。
*2：平日のみ。東京メトロ有楽町線に直通。

西武新宿と本川越を結ぶ「小江戸」として走る「ニューレッドアロー」10000系

路線図

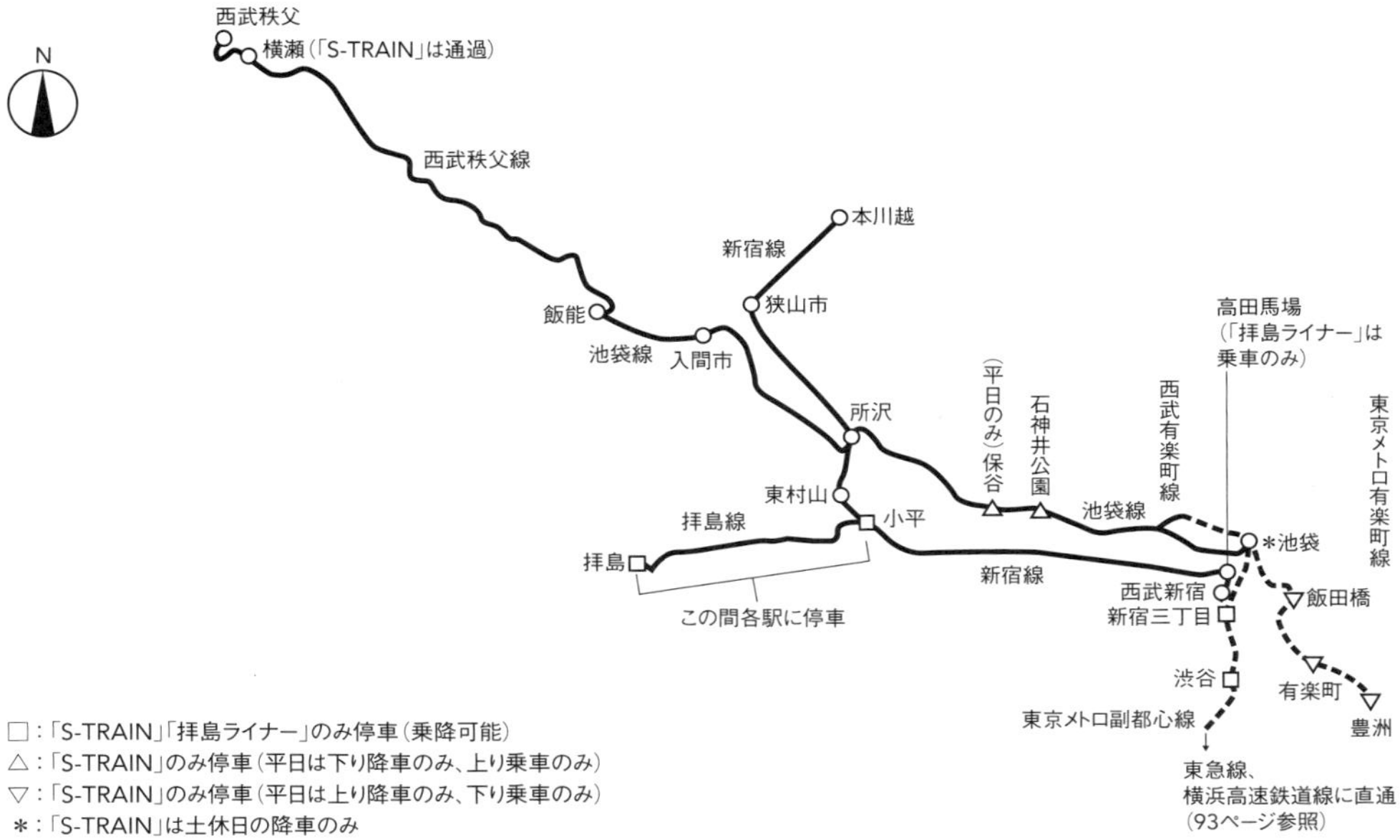

□：「S-TRAIN」「拝島ライナー」のみ停車（乗降可能）
△：「S-TRAIN」のみ停車（平日は下り降車のみ、上り乗車のみ）
▽：「S-TRAIN」のみ停車（平日は上り降車のみ、下り乗車のみ）
＊：「S-TRAIN」は土休日の降車のみ

西武新宿駅に込められた思い

東京の交通の要地でもあり、屈指の繁華街でもある新宿。JRや地下鉄、小田急や京王など多くの鉄道会社が、この新宿という「街」に乗り入れている。しかし、**西武《せいぶ》鉄道**の新宿駅はJRとは少し離れた場所に位置する。そのため、駅名もJR新宿駅と区別するために**西武新宿駅**となっている。

そもそも、どうしてこのような場所に駅ができたのか。それは西武の歴史をひもとくと実情が少しだけ見えてくる。

明治期に設立された川越鉄道を前身とする旧西武鉄道と武蔵野《むさしの》鉄道が合併して現在の西武は誕生した。

川越鉄道の創立は1892年。2年後に最初の路線になる国分寺《こくぶんじ》駅―久米川《くめがわ》駅間（現在の小川《おがわ》駅―**東村山《ひがしむらやま》駅**間にあった仮設駅。現在の久米川駅とは別）の国分寺線が開業した。

この路線は少しずつ延伸し、1895年に現在の**本川越《ほんかわごえ》駅**まで到達。ようやく鉄道経営に本腰を入れられる態勢が整ったにもかかわらず、鉄道建設で資金が底をつき、川越鉄道の経営は火の車だった。

生き残りを期し、川越鉄道は他社との合併を繰り返した。そして1922年に帝国《ていこく》電灯と合併。このときに電気事業と別に鉄道事業が分離される。こうして新たに「武蔵《むさし》鉄道」として再出発をすることになるが、同年8月の創立総会で社名は「西武鉄道」とされた。

その後、1927年に現在の**新宿線**の一部にあたる**高田馬場《たかだのばば》駅**（仮駅）－東村山駅間が開業する。その後、1945年にもうひとつの西武の母体になる武蔵野鉄道が旧西武鉄道を合併。こうして現在の西武の原型がほぼ完成した。

1952年に新宿線が西武新宿駅まで延伸する。これによって西武は新宿という一大繁華街まで進出を果たした。戦争をあいだに挟んだとはいえ、高田馬場駅から西武新宿駅までの延伸に25年も歳月を要した。そこまでしても西武は新宿への乗り入れを実現させたかった。西武新宿駅までの延伸工事終了後、国鉄の新宿駅までさらに延伸する構想も温めていたが、実現にはいたっていない。

SLがのどかに走る駅からターミナルへと発展した池袋駅

もう一方のターミナルである**池袋駅**は、駅前に西武百貨店池袋本店があるように、西武の牙城ともいえる駅だ。**池袋線**は1915年に武蔵野鉄道が池袋駅－**飯能《はんのう》駅**間を開業させたことから始まる。開業当初は全線が単線非電化だったため、沿線は蒸気機関車がのどかに走っていた。しかし、1922年には池袋駅─**所沢駅**《ところざわ》間が電化。以降、少しずつ電化区間を拡大させ、蒸気機関車から電車へと切り替えられていった。

当時、まだ武蔵野鉄道は西武グループとの資本関係にない。のちに西武の総帥として経済界に影響力をおよぼしただけでなく、衆議院議長にまでのぼりつめるなど政界でも隠然たる力を発揮した堤康次郎《つつみやすじろう》は、箱根土地という不動産会社を経営する傍ら、鉄道会社の経営にも触手を伸ばしていた。

堤が最初に鉄道経営に参画したのは多摩湖《たまこ》鉄道（現・多摩湖線）で、同社は武蔵野鉄道の経営が悪化したことを機に経営権を取得する。それでも新宿線の前身である旧西武鉄道と武蔵野鉄道は合併しないままだった。1945年にようやく両社が合併して西武農業鉄道が発足。翌年に再び改称して西武鉄道が誕生する。

戦後まもないころの池袋駅は、現在のような一大繁華街からはほど遠く、農村から出てくる者たちのたまり場といった雰囲気だった。それを大きく変えたのが1954年に池袋駅─御茶ノ水《おちゃのみず》駅間で暫定開業した営団地下鉄丸ノ内《まるのうち》線だった。これで池袋駅の利便性が再認識されるようになる。1957年には丸ノ内線が西銀座《にしぎんざ》駅（現・銀座駅）まで延伸。たくさんの繁華街とつながる池袋駅の利用者は日を追うごとに増え、街も発展していった。

平成の天皇陛下もご乗車になった「ニューレッドアロー」

農村を走る鉄道から都市鉄道へと姿を変えた池袋線だったが、のちに西武の看板特急になる「**レッドアロー**」は登場していない。西武が特急「レッドアロー」を使用した特急「**ちちぶ**」を登場させたのは1969年。ほかの私鉄に比べてかなり遅かった。

それまで特急を登場させなかった西武が特急の運行を開始したのは秩父《ちちぶ》への観光客を取り込むことが目的だった。

池袋線には飯能駅止まりの電車がある。飯能駅から**西武秩父駅**方面に向かうには列車を方向転換させなければならない。そのため、飯能駅はスイッチバック構造になっている。

そうした状態のため、池袋駅－飯能駅間が池袋線、飯能駅－西武秩父駅が**西武秩父線**と思われがちだが、池袋駅－吾野《あがの》駅間が池袋線、吾野駅－西武秩父駅が西武秩父線となっている。

なぜ、そんな中途半端なところで路線が分かれているのか？　これは建設年代が関係している。飯能駅－吾野駅間は1929年に開業。かなり早い時期から列車が走り始めた。

一方、吾野駅－西武秩父駅間は1969年に開業。その間、40年もの歳月が空いている。

そうした経緯から、吾野駅を境にして池袋線と西武秩父線が分かれる。

初代「レッドアロー」5000系の車体カラーだったベージュとレッドが復活

西武秩父線が開業を果たした1969年、満を持して「レッドアロー」が登場。秩父までの観光特急だったため、「レッドアロー」は池袋駅－西武秩父駅間だけしか走っていなかった。

「レッドアロー」が老朽化した1993年、西武は新たな特急列車として「**ニューレッドアロー**」を登場させた。「ニューレッドアロー」の登場をきっかけに、西武新宿駅－本川越駅間にも特急列車が運行するようになった。

ちなみに川越は蔵造りの街並みが残り、小江戸《こえど》の雰囲気を現在に伝える。そうした情緒のある街並みを楽しみに訪れる観光客も多く、新宿線を走る「ニューレッドアロー」には

「**小江戸**」の愛称がつけられた。

登場以来、「ニューレッドアロー」は西武の看板特急の座を守り続けてきた。それは2007年のスウェーデン国王、同王妃が来日したときにもうかがえる。天皇皇后両陛下（現・上皇上皇后両陛下）はスウェーデン国王、同王妃を歓待するため一緒に「ニューレッドアロー」に乗車。西武新宿駅－本川越駅間を移動した。

従来、天皇が乗車するお召《めし》列車はJRで運行される。私鉄では伊勢《いせ》神宮にアクセスする近鉄に乗車されることはあるが、そのほかの私鉄に天皇皇后両陛下が乗車されることはめずらしい。

本川越駅はJR川越駅と別の場所にあるが、遠い距離ではない。JRで川越まで移動することも物理的には可能だったが、天皇皇后両陛下とスウェーデン国王、同王妃はあえて西武の「ニューレッドアロー」を使っている。

「いままで見たことのない新しい車両」になった「Laview」

2019年、西武は「ニューレッドアロー」の後継特急車両として「**Laview**」の運行を開始した。西武にとって「Laview」は26年ぶりの新型特急で、それだけに宣伝にも力が入っている。

「Laview」は「いままで見たことのない新しい車両」をコンセプトに建築家やテキスタイルの専門家などをデザイナー陣に迎えた。外観は弾丸のような三次元的な丸い先頭フォルムに、全体が外の風景を鏡面のように反射する銀色一色の車体カラー、足元にまで広がる縦1350×横1580㎜の巨大な側窓《がわまど》、リビングのソファーに座っているかのような黄色一色のどっしりしたシートなど、これまでの鉄道車両の常識を覆す車両となっている。

西武の特急は埼玉方面から都心までの長距離通勤にゆとりを持ってもらうため、全車指定席を基本としている。そして、何より特筆すべき部分がシートピッチだ。

「ニューレッドアロー」のシートピッチは1070㎜。「Laview」もその寸法を継承している。

この数字だけだとシートピッチが広いのか狭いのか判別できない。他社の特急と比べてみると、南海の「ラピート」が1030㎜、京成《けいせい》電鉄の「スカイライナー」、近鉄の「アーバンライナー」、小田急のVSEが1050㎜。西武の「ニューレッドアロー」と「Laview」の座席が広く設計されて、快適に移動できることがわかるだろう。

「Laview」は観光客にも利用されているが、大半の利用者はビジネスパーソン。仕事で疲れて帰宅するビジネスパーソンが疲れを癒やしたり、残った作業を車内で片づけたりといった過ごし方が多いようだ。

西武の本社もある所沢駅

池袋駅を出発した特急は練馬《ねりま》駅で臨時停車することもあるが、基本的に次の停車駅は新宿線と池袋線が交差する重要駅である所沢駅。西武の本社ビルも所沢駅にある。

西武は1986年に本社を東京都豊島《としま》区池袋から埼玉県所沢市へと移転させた。その理由はいくつかあるが、最大の理由は通勤ラッシュを少しでも緩和させるというものだった。

2019年に西武の持ち株会社は所沢駅から池袋駅前へと移転。それでも西武鉄道は所沢に残った。所沢駅にこだわるあたりに西武の矜持《きょうじ》を感じさせる。

また、所沢駅には車両を製造する車両工場が併設されていた。戦後、戦災で使用できる車両が不足した西武は国鉄から車両を譲り受けてしのいだ。しかし、国鉄から譲り受けた車両は中古のため、そのまま使用することはできない。そこで補修作業のために所沢に工場を開設した。

車両のメンテナンスを担当した同工場は1954年からは新車製造も開始。2000年まで稼働した。ちなみに同工場では１９６８年にコンゴ共和国用の車両も製造している。

山岳地帯・西武秩父線

所沢駅の次に停車するのが飯能駅だ。前述したように方向転換が必要なため、スイッチバック構造になっている。そして、特急は停車しないが、吾野駅から西武秩父線へと入る。西武秩父線は最大25‰《パーミル》（１０００m進むあいだに25m登るという意味）という急勾配が続く難所区間。飯能駅まではまったくトンネルはなかったが、飯能駅を過ぎると山間部だからトンネルも増える。西武秩父線には建設当時に私鉄最長を誇った全長４８１１mの正《しょう》丸《まる》トンネルがある。

西武秩父駅までは勾配がきついために普通の車両では走ることは難しい。「レッドアロー」「ニューレッドアロー」は急勾配を登り切る馬力とブレーキ性能を備えているが、ほかの電車はそれほどの性能がない。そのため、飯能駅から先は電車本数が大幅に少なくなる。

そして山岳路線を走る各駅停車の車両は赤、緑、青のライオンズカラーを帯にしたクロスシートの４０００系が大半を占める。

この４０００系は２０１６年に１編成が観光列車「**西武 旅するレストラン 52席の至福**」

自然豊かな風景の西武秩父駅に停車する4000系

に改造され、走行する列車内で一流シェフの料理が楽しめる。走行区間は池袋線、新宿線、西武秩父線と多岐にわたり、鉄道ファンにとっては、ちょっと変わったかたちの「乗りつぶし」に利用することも可能だ。

終点の西武秩父駅と秩父鉄道の御花畑《おはなばたけ》駅は至近距離にある。両駅は西武秩父駅から続く商店街でほぼつながっており、別々の駅になっていることが不思議に感じる。

しかし、西武が秩父へと線路を延ばした際には秩父鉄道を筆頭に地元財界から猛反発が起きている。そのため、駅は離れて設置された。

当初は険悪だった両社だったが、1989年からは西武が秩父鉄道に乗り入れするなど友好関係にある。

特急を補完する「S-TRAIN」と「拝島ライナー」

特急ではないが、西武には「Laview」のほかにも個性的な新戦力が加わった。

２０１３年に池袋線が**西武有楽町《ゆうらくちょう》線**と**東京メトロ副都心《ふくとしん》線**を介して**東急東横《とうきゅうとうよこ》線**、**横浜《よこはま》高速鉄道みなとみらい線**と直通運転を開始。西武沿線から横浜へ、横浜から西武沿線への観光輸送に力を入れるようになり、２０１７年に「**S-TRAIN**」が運行を開始する（写真は95ページ参照）。

「S-TRAIN」はマルチシート車両を使用。「人にやさしい、みんなと共に進む電車」をキャッチフレーズに、先頭車両には子ども連れや障害者のためのフリースペースが設けられている。窓が大きく、周囲にラッピングがされているため、外観上も大きなアクセントになっている。

全車指定席で、土休日は横浜高速鉄道みなとみらい線の**元町《もとまち》・中華街《ちゅうかがい》駅**と西武秩父駅を結ぶ観光特急として、平日は**東京メトロ有楽町線**の**豊洲《とよす》駅**と所沢駅を結ぶ通勤ライナーとして運行される。「Laview」や「ニューレッドアロー」との差別化のためか、土休日は池袋駅で乗車できないという大胆なダイヤが特徴でもある。

２０１８年からはＪＲ中央線、青梅《おうめ》線と競合する新宿線、拝島《はいじま》線でも「S-TRAIN」の車両を使用した「**拝島ライナー**」が運行を開始。特急とはひと味違った魅力で西武沿線に彩りを添えている。

第3章 京成電鉄

「スカイライナー」で成田空港へ

データ

種別	形態	列車名	最長運行区間	距離	使用車両名
スカイライナー	○	スカイライナー	上野ー成田空港 *1	64.1km	スカイライナー
イブニングライナー	○	イブニングライナー	上野ー成田空港 *2	69.3km	スカイライナー
モーニングライナー	○	モーニングライナー			
アクセス特急	×	ー	上野ー成田空港 *1	64.1km	3050系
			押上ー成田空港 *1·3	58.3km	
快速特急、特急、通勤特急	×	ー	上野ー成田空港 *2	69.3km	一般車両全般
			上野ー(芝山千代田) *2·4	70.5km	
			押上ー成田空港 *2·3	63.5km	
			押上ー(芝山千代田) *2·3·4	64.7km	
特急	×	ー	(押上)ー(印旛日本医大) *3·5	39.2km	

*1：成田スカイアクセス線経由。
*2：本線経由。
*3：都営地下鉄浅草線、京急に直通するが、乗り入れ先で種別変更が行われるため、本書では押上を始発駅とした。
*4：芝山鉄道に直通。
*5：平日のみ。北総鉄道に直通。

本線の無料特急として運行されている3700形

路線図

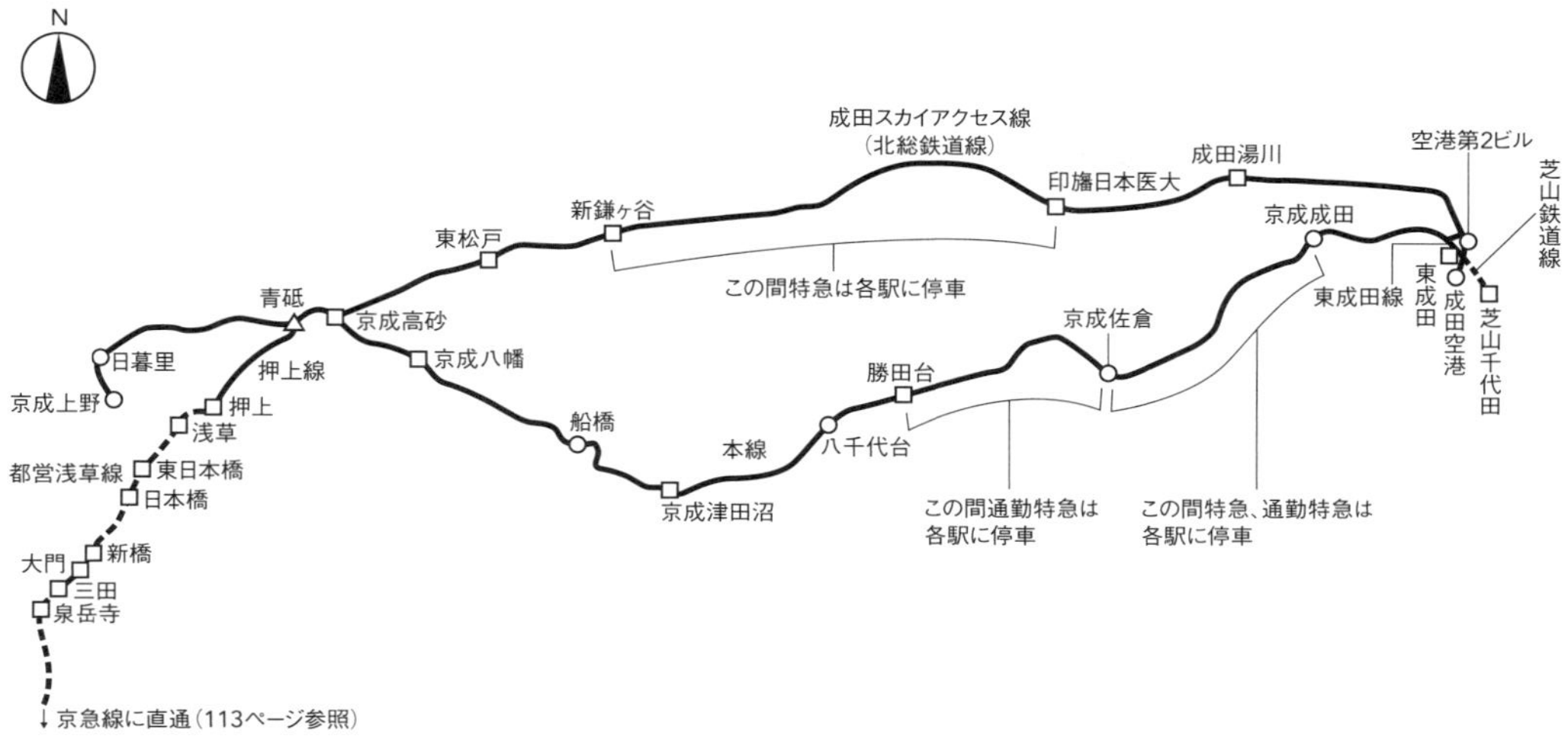

△：「モーニングライナー」「イブニングライナー」のみ停車
□：無料特急（アクセス特急、快速特急、特急、通勤特急）のみ停車
都営浅草線内はエアポート快特停車駅のみ表示

念願の上野乗り入れ

京成《けいせい》電気軌道（現・**京成電鉄**）は東京と成田を結ぶことを目的に、1912年に**押上駅**―市川《いちかわ》駅（現在の京成小岩《こいわ》―江戸川《えどがわ》駅間にあった仮設駅）間と曲金《まがりかね》駅（現・**京成高砂《たかさご》駅**）―柴又《しばまた》駅間で開業した。以後、21年間は押上駅をターミナルにしていた。

しかし、当時の東京はすでにJR山手線沿線に中心が移動していた。山手線から遠くて不便な押上駅がターミナルのままでは利用者は増えない。もっと都心にターミナル駅を設置して利便性を向上したいと考えた京成は都心進出を計画する。1933年に京成は上野公園駅（現・**京成上野駅**）を開業。悲願を達成した。

京成上野駅は上野公園の西郷隆盛《さいごうたかもり》像近くの地下にある。そのため、開業当時の名称は上野公園駅だった。

公園や動物園が立地する上野は地形的に小高い山になっており、京成が**日暮里《にっぽり》駅**から上野へと都心進出を果たす際は、その山の下にトンネルを掘らざるをえなかった。

上野の山にトンネルを掘ることは一大プロジェクトだった。というのも、上野公園は恩《おん》賜《し》公園と呼ばれるように天皇家の御料地《ごりょうち》だった来歴を有する。その真下にトンネルを掘ることは当時の社会情勢に照らせば畏れ多いことだった。京成のトンネル掘削をめぐり、政府は御前会議まで開いて検討をしている。

京成上野駅は、そのような苦労の末に開業した。しかし、皮肉なことに、国有鉄道の上野駅と離れた場所につくられたことから乗り換えの便が悪く、苦労して開業させたわりに、JRとの乗換駅でもある日暮里駅に利用者は流れている。

「スカイライナー」で成田空港に直結

現在、京成上野駅－**成田空港駅**間を結ぶアクセスに利用される電車といえば「**スカイライナー**」AE形（2代目）が筆頭といえるだろう。AE形は**本線**から**成田空港線**（**成田スカイアクセス線**）に運行ルートが変更された2010年に登場した。

AE形は登場から10年が経つが、ファッションデザイナーの山本寛斎《やまもとかんさい》氏がデザインしたこともあって、いまだにスタイリッシュなデザインは古臭さを感じさせない。

「スカイライナー」は8両編成で運行され、車内の座席は回転式リクライニングシートになっている。団体、グループ客の利用を想定していることが座席からうかがえる。また、シートピッチは初代の970㎜、AE100形の1040㎜より広い1050㎜に変更された。日本人より身体が大きい外国人旅行者などを取り込むことを意図しているのだろう。

さらに各車両のデッキには大型の荷物が置ける専用スペースを確保。これらは海外からの訪日観光客のみならず、これから海外に出かける日本人からも好評を得ている

成田空港へアクセスする二つのルート

日暮里駅は京成上野駅より多くの乗客が乗り込んでくるため、京成にとって重要な駅になっている。日暮里駅を出ると、成田空港線の沿線には大きな街がないこともあって、**空港第2ビル駅**まで停車しない。

京成は空港へ行くための「スカイライナー」のほかにも、朝に「**モーニングライナー**」、夕に「**イブニングライナー**」という通勤用列車を運行している。こちらは本線経由で運行されている。「モーニングライナー」は国鉄で「ホームライナー」がデビューした1984年から、「イブニングライナー」は翌年から運行を開始し、私鉄では初のライナー運行として話題を集めた。

「モーニングライナー」「イブニングライナー」に乗車するには乗車整理券を購入しなければならない。特急券と同等のスカイライナー券と比べると、乗車整理券は400円と割安だったが、現在は「スカイライナー」と同様に全車指定席になっている。それでも通勤で

利用するビジネスパーソンも多いようだ。京成には乗車券だけで乗車できる特急もある。

２０１０年に成田空港線が開業するまで、京成の電車に乗って成田空港に向かうには京成上野駅－京成高砂駅－**京成津田沼《つだぬま》駅**という本線経由のルートを使うしかなかった。そのため所要時間がかかり、成田空港は遠いというイメージが定着した。

成田空港線が開業してからは所要時間が一気に短縮。日暮里駅－成田空港駅間は最速36分で結ばれた。

近年、成田空港には格安航空機が多く発着するようになり、たくさんの人が利用するようになっている。京成利用者も増加傾向にあり、「スカイライナー」はもとより普通の電車にも大きな荷物を抱えている乗客を目にすることも日常的になっている。

「開運号」で成田山へ参拝に

「スカイライナー」は成田空港にアクセスする列車として定着しているが、成田空港が開港する前まで、京成の有料特急といえば成田山新勝寺《なりたさんしんしょうじ》への参拝客が利用する「**開運号**《かいうん》」というイメージが強かった。

開業時から京成は国有鉄道の総武《そうぶ》本線と成田山新勝寺の参詣輸送を競っていた。京成は成田山新勝寺の参拝客を総武本線から奪うためにサービスの充実に努めている。

現在、特急列車はスピードを競うような傾向が強くなっているが、京成は車内サービスに力を入れていたこともあり、「開運号」も私鉄初のリクライニングシートやテレビを設置するなど革新的なサービスで集客を図り、総武本線と競い合った。

成田空港線が開業した2010年以降、空港アクセスを担う「スカイライナー」は**京成成田駅**を通らなくなった。その代わり、昼間には「スカイライナー」を引退したAE100形が「**シティライナー**」として運行され、京成成田駅へのケアを忘れなかった。成田山新勝寺への参拝客は、京成にとっても大事なお客様なのだ。

その「シティライナー」は2015年に定期列車としては運行を終了。AE100形も廃車になった。

現在は年始のみAE形（2代目）が「成田山開運号」として運行されている。

成田空港と「スカイライナー」

成田空港が開港すると、「開運号」に代わって初代「スカイライナー」AE形が導入される。成田闘争で成田空港の開港が遅れたことは京成の経営にも影響を与えた。また、京成

本線経由で運行されていた先代「スカイライナー」AE100形

は空港反対派にＡＥ形を焼き討ちされてもいる。そうした悲運はあったものの、初代「スカイライナー」は１９９３年まで活躍した。ただ、当時の成田空港駅は現在の**東成田《ひがしなりた》駅**で、空港からは距離があった。そのため、駅から空港までは、さらにバスを乗り継ぐという不便を強いられていた。

１９９１年に現在の成田空港駅が開業。ようやく空港の玄関駅として利用されるようになる。

成田空港駅はエスカレーターを上がると改札があり、その向こうはもう成田空港になっている。「スカイライナー」は成田空港のための列車だが、駅も空港のために設計されているといっていいだろう。

第4章 小田急電鉄

「ロマンスカー」は進化する

データ

種別	形態	列車名	最長運行区間	距離	使用車両名
特急	○	えのしま	新宿－片瀬江ノ島	59.9km	EXE、EXEα、VSE、GSE
		さがみ	新宿－小田原	82.5km	特急車両全般 *1
		スーパーはこね、はこね	新宿－（箱根湯本）*2	88.6km	
		ふじさん	新宿－（御殿場）*3	97.1km	MSE
		ホームウェイ	新宿－（箱根湯本）*2	88.6km	特急車両全般
			新宿－片瀬江ノ島	59.9km	
		メトロえのしま	（北千住）－片瀬江ノ島 *4	75.7km	MSE
		メトロはこね	（北千住）－（箱根湯本）*2･4	104.4km	
		メトロホームウェイ、メトロモーニングウェイ	（北千住）－本厚木 *4	61.2km	
		モーニングウェイ	新宿－小田原	82.5km	特急車両全般

*1：土休日の「スーパーはこね」はVSE、GSEのみで運行。
*2：箱根登山鉄道に直通。
*3：JRに直通。
*4：東京メトロ千代田線に直通。

「ロマンスカー」を象徴するオレンジ色の車体が映えるGSE・70000形

路線図

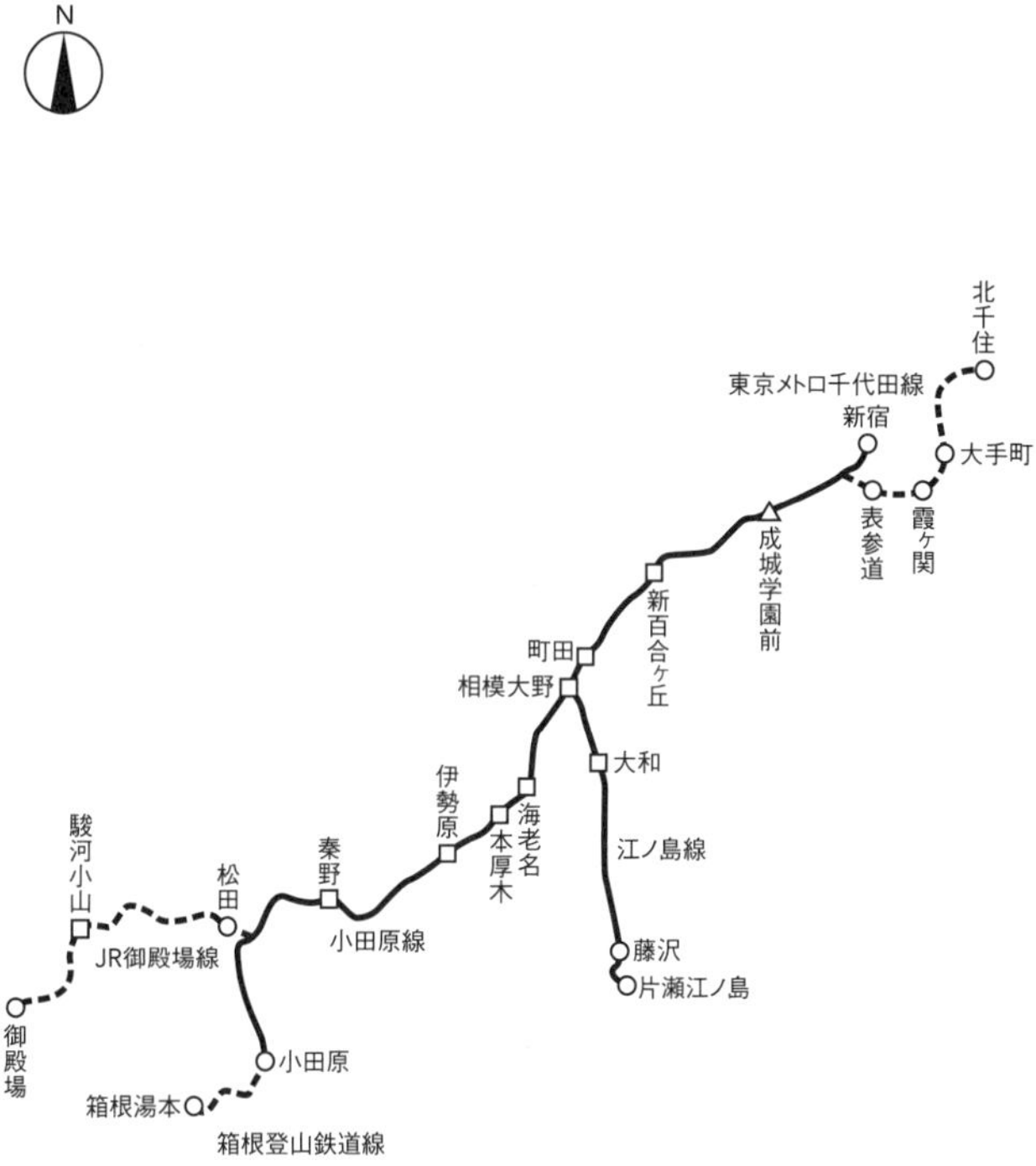

□：一部停車
△：東京メトロ千代田線直通列車の一部のみ停車

将来を見込んで新宿に駅を建設

小田原《おだわら》急行鉄道（現・**小田急《おだきゅう》電鉄**）が当初に想定していたターミナル駅はJR山手線内側の永田町《ながたちょう》付近だった。当時、山手線の内側には私鉄が入り込むことができず、「山手線は万里《ばんり》の長城《ちょうじょう》」とも形容された。そのため、永田町方面への延伸は容易ではなかった。鉄道省の生野団六《しょうのだんろく》は「都心部の永田町をターミナルにするより、山手線や中央線と接続する新宿に将来性がある」と説いた。この助言を容《い》れた小田急はターミナルを**新宿駅**に定める。

とはいえ、小田急が開業した当時の新宿、とくに小田急が百貨店を構える駅の西側は、まだ東京の隅でしかなかった。戦後、新宿はものすごい勢いで繁華街化していくが、新宿の発展とともに小田急の乗客もうなぎのぼりに増えていった。

増える乗客に対応するため、小田急は駅舎やホームを改良して対応しなければならなかった。小田急にとってはうれしい悲鳴ではあるが、新宿駅は予想をはるかに上回る活況を呈したことになる。

特急電車のバラエティーが豊富な小田急

新宿駅を出発する前に新宿駅すぐそばの新宿1号踏切に寄ってみよう。東京都心部に残された数少ないこの踏切は特急列車が頻繁に通過する。

小田急にはさまざまな車両バリエーションの特急が走っている。それは鉄道に知識がなくても違いがひと目でわかるほどデザインやカラーが大きく異なっている。そのため、眺めているだけでも飽きない。

小田急の特急といえば、何より「**ロマンスカー**」がすぐに思い浮かぶ。じつは「ロマンスカー」とは1927年に京阪《けいはん》電気鉄道が登場させた特急の名称だった。小田急に「ロマンスカー」と呼ばれる電車が登場するのは京阪に遅れること約20年。このことは意外に知られていない。

後発だった小田急なのに、「ロマンスカー」といえば小田急というイメージが不動のものになった理由は、何より小田急が地道に「ロマンスカー」の運行を続けてきたことに起因している。それも、たんに運行していただけではない。「ロマンスカー」の名前にふさわしいデザインやカラーリング、車内サービスを展開し、それが評価された結果でもある。

鉄道ファンで組織される「鉄道友の会」は毎年、優れたデザインや機能を持った車両を顕彰している。鉄道友の会が贈る賞には「ブルーリボン賞」と「ローレル賞」の二つがあり、「ブルーリボン賞」の選考対象は特急列車や観光列車、「ローレル賞」の選考対象は通勤列車、一般車両と分かれている。

小田急「ロマンスカー」はブルーリボン賞の常連になっていて、歴代の受賞車両は第1回のSE（Super Express）、第7回のNSE（New Super Express）、第24回のLSE（Luxury Super Express）、第31回のHｉSE（High Super Express）、第35回のRSE（Resort Super Express）、第49回のVSE（Vault Super Express）、第52回のMSE（Multi Super Express）、第62回のGSE（Graceful Super Express）と総なめしている。

何より鉄道友の会はSE車が登場し、「こうした革新的な車両を顕彰したい」という思いからブルーリボン賞を創設したといわれる。

ブルーリボン賞は逃したが、小田急にはEXE《エクセ》（Excellent Express）やリニューアルしたEXE《エクセ》α《アルファ》といった特急車両も走っている。これだけバリエーションが豊富なので、踏切でそれらが行き来するのを見ているだけでも十分に楽しむことができるのだ。

「ロマンスカー」の復権をかけたVSE

1957年に登場した3000形・SE以降、小田急はほぼ6、7年ごとに新型特急を世に送り出してきた。

展望席を廃止して通勤輸送に特化したEXEα・30000形

「ロマンスカー」は特急列車という役割なので、乗降扉は車両の前後にしかなく、座席もロングシートはない。そのため輸送人員は多くなく、通勤や退勤といったラッシュ時に走らせることは非効率、不経済だった。

小田急の沿線は宅地化されているため、ラッシュ時は多くのビジネスパーソンや学生に利用される。そうした利用実態に即して、小田急は観光特急ではなくビジネス特急を登場させた。それが1996年に運行を開始したEXEだ。

ビジネス利用を想定したEXEはビジネスパーソンを中心に好評を博した。しかし、従来の鉄道ファンには大きな衝撃を与えた。小田急「ロマンスカー」の売りだった前面展望がなくなったことが不満を呼んだのだ。

そのため、EXEの次に登場する「ロマンスカー」に大きな期待が寄せられる。2005年に小田急は新型「ロマンスカー」のVSEの運行を開始。〝ロマンスカーブランドの復権〟と謳われたVSEは内装、外観ともに鉄道ファンの期待をはるかに上回る車両だった。登場直後から絶大な人気を呼び、VSEは鉄道ファンのみならず一般の観光客やビジネスパーソンをも魅了した。その特徴を見てみよう。

まず外観は白を基調とした車体に小田急の伝統であるバーミリオンオレンジのラインが横に入ったデザイン。窓は横幅4m。私鉄特急の常識に照らせば、これは超大型サイズといえ、車窓風景が存分に堪能できる。VSEは新宿駅－**箱根湯本駅**《はこねゆもと》間を走る「**スーパーはこね**」「**はこね**」を中心に運行されている。VSEでは「上質な居住性」という開発テーマが示すように内装は木目を基調とし、上品な雰囲気が漂っている。

VSEの次に登場したMSEもVSEの設計思想を継承。ただ、地下鉄への乗り入れで義務づけられている先頭車両の貫通扉が設けられたため、前面展望はない。

そうした構造を踏まえ、小田急はMSEの前面窓を大きくし、背後の客室からでも運転士と同等の景色を眺めることができるようにした。

2018年には新たにGSEも登場。VSEの〝ロマンスカーブランドの復権〟は以降も継承される。

小田急「ロマンスカー」が目的地とする箱根は関東圏のみならず全国的に人気のある温泉だ。箱根湯本駅からは登山電車で強羅《ごうら》駅、強羅駅からケーブルカーで早雲山《そううんざん》駅、そして早雲山駅からはロープウェイで桃源台《とうげんだい》駅へと、さまざまな乗り物を楽しむことができるのも箱根路の特徴といえる。もちろん沿線には温泉や美術館、公園、名勝地などの観光名所もあり、おいしい食べ物や飲み物もたくさんある。

継承された「ロマンスカー」の歴史と技術

小田急はそれ以前にも2人がけ席＝ロマンスシートを持った特急1910形などを走らせていた。小田急は1910形による特急を「ロマンスカー」として売り出して好評を得た。また、1951年からは1700形による特急も運行を開始。

しかし、一般的に小田急「ロマンスカー」として認識されるのは1957年に登場した3000形・SEだろう。

8両編成のSEは屋上のスピーカーからメロディを奏でる補助警報機が話題になり、「オルゴール電車」の愛称で親しまれた。昔から小田急を利用していた人だったら「ロマンスカー」といえばこのＳＥを思い浮かべる人も少なくないだろう。このＳＥが鉄道界に与えた影響は大きく、東海道新幹線０系もこのＳＥの技術を取り入れている。

オルゴールを鳴らしながら疾走する光景は「ロマンスカー」の特徴であったが、騒音問題などで廃止された。ＶＳＥになってから名物のミュージックホーンが復活し、駅を出発するときにだけオルゴールが鳴らされている。あとで触れるが、「走る喫茶室」といい、ミュージックホーンといい、小田急の伝統が随所に復活しているＶＳＥは、まさに「ロマンスカー」のなかの「ロマンスカー」といえる。

そしてＳＥの次に前面展望席を設けたＮＳＥが登場する。

当初、特急は土曜日限定の運行だった。しかも新宿駅から小田原駅への片道運行で、箱根湯本駅から新宿駅への特急は運行されていなかった。特急の需要が高まったことで帰路の小田原駅発の新宿駅行きも運行されるようになる。さらに１９６４年には**江《え》ノ島《しま》線**でも週末に「ロマンスカー」の運行が始まり、翌年には平日にも拡大した。最近は平日に「モーニングウェイ」「ホームウェイ」が運行されている。

小田急は乗り心地のよさを追求するために、１９６１年から他社に先がけて車体傾斜の

「ロマンスカー」の名車として開成駅前に保存されるNSE・3100形

研究をしていたという。天下《てんか》の険《けん》を擁する観光地・箱根に多くの乗客を運ぶ小田急だからこそ車体傾斜の研究が始まったと思われるが、当時の情勢は鉄道各社の路線網を拡大することに重点を置いていた。そんな研究をする余裕はなかっただろう。

小田急がいかに「ロマンスカー」に力を入れていたかがわかるエピソードだが、特急を運行するにあたって、こうした快適性を追求した技術やサービス精神がＳＥからＧＳＥまで継承されている。現在のように「ロマンスカーといえば小田急」の地位を不動にしたのは、そうした地道な努力の積み重ねがあったことが大きい。

ちなみに**小田原線**の開成《かいせい》駅前の公園には

NSEが保存展示されている。

VSEで復活したさまざまなサービス

寝台特急などには食堂車設備があった。しかし、私鉄特急は長くても2時間程度しか走らない。カフェや食堂車は不経済、利用者が少ないとして廃止、縮小傾向にある。実際、JR東日本は2019年に車内販売のサービスの縮小を打ち出し、利用者からは惜しむ声が絶えなかった。

近年、エキナカが充実し、駅の周囲にもコンビニは当たり前にある。そうした店で食料や飲料を買い込んでから乗車するスタイルが定着したこともあり、車内の食堂やカフェ、車内販売は採算がとりづらく、縮小、廃止は時代の流れといえるかもしれない。

そうしたカフェや食堂車が逆風の傾向にあって、VSE車内にはカウンタースペースが設けられている。こうした小田急の粋な計らいは旅をさらに楽しくさせてくれる。しかもカウンタースペースは電車内に2カ所もある。

VSEの特筆すべきサービスは1995年まで小田急独自のサービスとして親しまれていた「走る喫茶室」を復活させたことだ。かつての「ロマンスカー」には日東《にっとう》紅茶と森永《もりなが》エンゼルの2社による自分の座席までコーヒーや軽食を届けてくれるサービスがあった。こうしたサービスは、時代とともに通勤客がメインになったために、新幹線やほかの特急にも見られるようなワゴンサービスに変わってしまう寂しい状況だった。

「走る喫茶室」のすごいところは、ワゴンサービスのような紙コップによる販売ではなく、ちゃんと座席まで注文をとりに来てくれ、目の前でグラスに注文したコーヒーを注いでくれるところにある。ただの車内販売ではない上質なサービスを提供してくれるのだ。

しかし、2016年のダイヤ改正でシートサービスは廃止。現在は車内販売へと切り替わった。グラスカップのコーヒーも紙コップによる提供になっている。このあたり、残念に思っている乗客は少なくないだろう。

〝ロマンスカーブランドの復権〟を合い言葉にしたVSEは小田急のシンボル特急だけに、弁当箱にもなって販売された。中身はお子さまランチっぽくて大人向きではないが、VSEの容器は持って帰れるので、日常の子どもの弁当箱として使えば、子どもにはいい思い出になるだろう。GSE登場後、弁当のパッケージはGSEのデザインへと変更された。

小田原から箱根登山鉄道に乗り入れる

新宿駅から**町田駅**《まちだ》までの区間は家々が並び、駅前は商業施設が立ち並ぶ。いかにも都市化した風景が続くが、その先は車窓からビルが消え、富士山が眺められる区間もある。

小田原線は新宿駅から**小田原駅**までで、小田原駅から先は**箱根登山鉄道**になる。しかし、箱根登山鉄道は小田急のグループ会社なので、「ロマンスカー」の一部が箱根湯本駅まで乗り入れる。

小田原駅には箱根登山鉄道の電車も走っていたが、2006年3月のダイヤ改正で小田原―箱根湯本間を走る電車はすべて小田急の電車に置き換えられた。小田急と箱根登山鉄道の軌間（線路の幅）は小田急が1067㎜の狭軌、箱根登山鉄道が1435㎜の標準軌と異なるため、小田原―箱根湯本間は線路が3本敷設されている三線軌条区間というめずらしい区間だった。三線軌条はダイヤ改正で小田原駅―箱根湯本駅間に箱根登山鉄道の電車が走らなくなったことから、ほとんどが廃止された。

小田原駅を出た「ロマンスカー」はスピードを落としてゆっくり山を登り始める。車窓からは箱根ターンパイク（小田原から湯河原《ゆがわら》にいたる観光有料道路）が見える。周囲を少しずつ山が覆い、緑が深くなると、箱根湯本駅に到着する。

JRに乗り入れする特急「ふじさん」

小田急は1955年から新松田《しんまつだ》駅付近から**JR御殿場線**《ごてんば》に乗り入れる特急を運行している。乗り入れが始まった1955年当時は小田急から国鉄への乗り入れはあったものの、国鉄から小田急に乗り入れることはなく、小田急だけが乗り入れる片乗り入れ状態だった。

関西の私鉄は国鉄に対抗、競争するかのように路線を拡大し、車体の改良を重ねるなどして業績を伸ばしてきた。こうした姿勢は、もはや関西私鉄の伝統にもなっている。そうした歴史的背景を持つ関西私鉄から見れば、大手私鉄とJRが手を組むことなど、まさに呉越同舟ともいえる、ありえない話だろう。

1991年に小田急とJRの相互乗り入れがようやく始まる。小田急の片乗り入れから相互乗り入れに切り替わった背景には、それまで乗り入れしてきた小田急の車両が老朽化し、小田急とJR東海が共同で新型車両を投入することになったことがきっかけだった。小田急とJRは小田急線と御殿場線を介して静岡県の**沼津駅**《ぬまづ》まで運行するようになった。沼津駅から新宿駅に直通する電車の登場は沼津市のみならず静岡県東部の人たちを大いに刺激した。運行開始初年は21万人が利用するという盛況ぶりだった。

新宿駅－沼津駅間を結ぶ特急「**あさぎり**」は、その後も順調に利用者を伸ばしていった。

1997年には年間117万人が利用する。

しかし、時代とともに利用者の動線が変化し、以降の「あさぎり」利用者は右肩下がりに減少していった。2012年にJR東海の特急「あさぎり」用の車両が引退するとともに、運転区間は**御殿場駅**までに短縮。運転区間の短縮と同時に小田急の片乗り入れ状態に戻された。この運転区間の短縮はさらなる利用者減を招いた。

2018年に小田急は特急の愛称を「あさぎり」から「**ふじさん**」へと改称。伝統の特急「あさぎり」は消滅した。

なお、特急「あさぎり」に使用されていたRSEは、その後、**富士急行**に譲渡された。富士急行では「**フジサン特急**」として活躍。走る路線は変わったが、富士山観光という同じ役割を果たしている。

東京メトロにも乗り入れを始めた「ロマンスカー」

1927年に新宿駅－小田原駅間を一気に開業させた小田急が次に路線を延ばしたのは江戸《えど》時代から庶民の行楽地として人気があった江の島だった。2年後の1929年には早くも大野《おおの》信号所（現・**相模《さがみ》大野駅**）から分岐するかたちで江ノ島線が開業する。

地下鉄、JR直通特急としてマルチに活躍するMSE・60000形

現在の江の島には江ノ島電鉄（江《え》ノ電《でん》）、湘南《しょうなん》モノレール、小田急と三つの駅が立地している。なかでも小田急の**片瀬《かたせ》江ノ島駅**の駅舎は竜宮城《りゅうぐうじょう》のような外観から人気が高い。以前の江ノ島線は海水浴客をたくさん運ぶ観光路線的な色合いが濃かった。最近は通勤客の足としての利用も増えている。

多摩《たま》線にも2000年から2016年まで通勤客をターゲットにした「**ホームウェイ**」が平日夕方に運行されていた。新宿駅発の下りのみの運行であったことを考慮すると、完全に退勤利用を想定していたと思われるが、そこには多摩ニュータウンで客を奪い合う京王相模原線との差別化という意味が大きかった。

運行時間帯からも、「ホームウェイ」は会社帰りのサラリーマンやOLの利用が大半を占め、車内に観光気分は充満していない。「ロマンスカー」がビジネス特急として利用されているわけだが、こうした需要は今後も増えていくだろう。

小田急の特急券はチケットレス化され、モバイル携帯で特急券を購入した乗客は検札時に携帯電話の画面を見せるだけですむ。VSEに乗車していると、ビジネスパーソンも観光客のように見えるが、EXEαに乗車していると、普段着のおじさんもビジネスでどこかに向かっているように見える。

チケットレス化やネットでの乗車券、特急券の購入は今後ますます拡大するだろう。〝ロマンスカーブランドの復権〟を謳い、観光特急としてVSEを導入した小田急だが、ビジネス特急への波を無視することはできない。そのビジネス特急への対応として、2008年には相互乗り入れをしている**東京メトロ千代田線**の**北千住駅**から小田急「ロマンスカー」が発車することになった。

地下鉄直通用の「ロマンスカー」MSEは近未来的なブルーメタリックの車体と、落ち着きを与えるダークグレーのシートと木目調の壁の内装を特徴としている。EXEαとともに、相模大野駅で小田原線と江ノ島線に分割することも可能になっている。

つねに新型の特急を走らせ続ける小田急。近年、着席通勤車両が続々と登場するまで、大都市圏の鉄道は合理化の名のもとにロングシートの車両ばかりになってしまい、車窓風景や車内での飲食を楽しむことができなくなりつつあった。そうした流れに一石を投じる姿勢を貫いて、今後もＶＳＥやＧＳＥのような豪華な特急を走らせ続けてほしいと思っているのは鉄道ファンばかりではないはずだ。

第5章 京王電鉄

特急で高尾山へ、「京王ライナー」で多摩へ

データ

種別	形態	列車名	最長運行区間	距離	使用車両名
京王ライナー	●	京王ライナー	新宿ー京王八王子	37.9km	5000系
			新宿ー橋本	38.1km	
特急、準特急	×	（なし）	新宿ー京王八王子	37.9km	一般車両全般
			新宿ー橋本	38.1km	
			新宿ー高尾山口	44.7km	

クロスシートとロングシートが転換可能な5000系

路線図

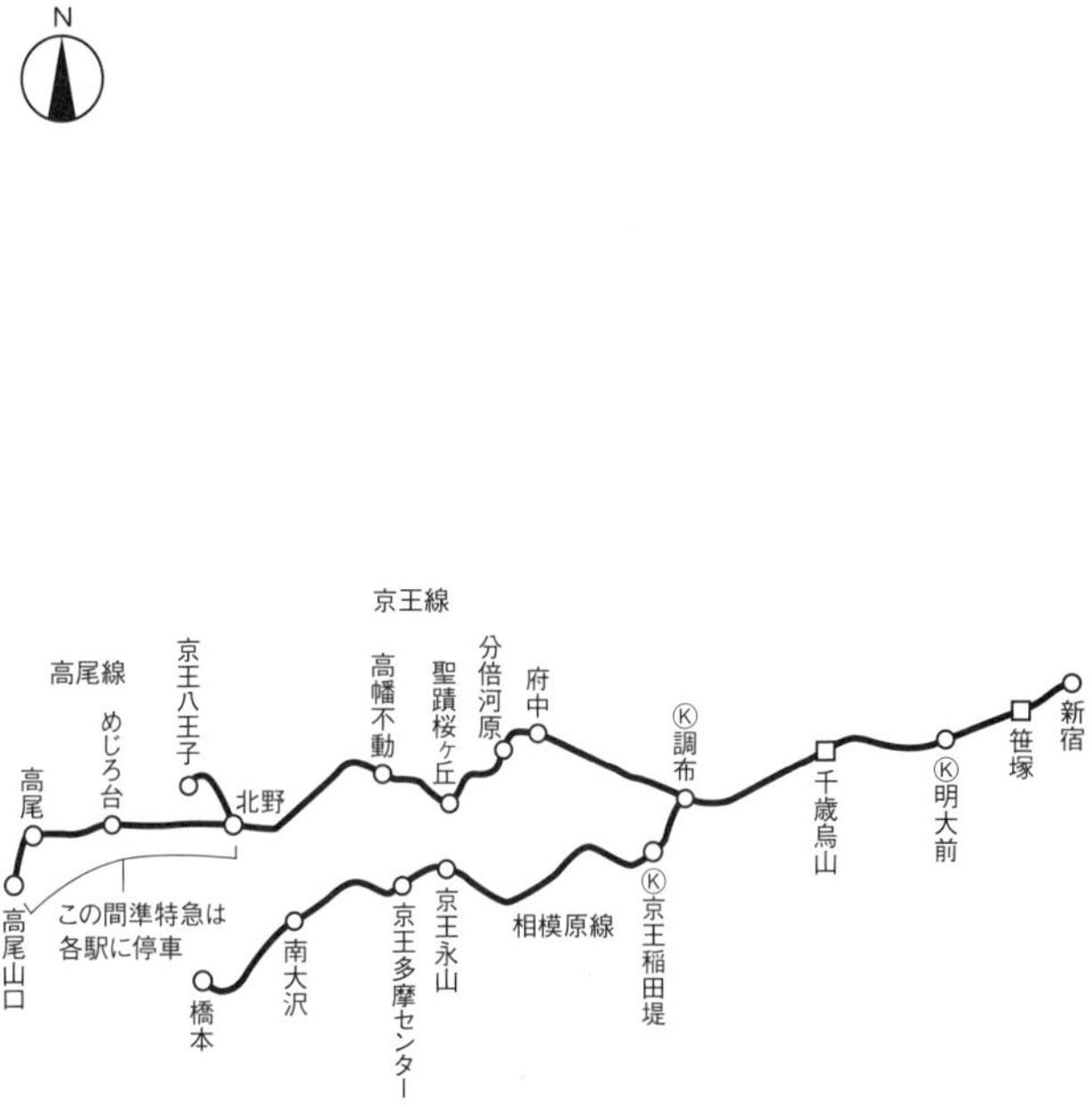

□：準特急のみ停車
Ⓚ：「京王ライナー」は通過

路面電車から大手私鉄へと成長

京王《けいおう》電鉄には、いわゆる有料特急が運行されていない。それが、ここまで紹介してきた私鉄とは大きく異なる。

京王がターミナルを置く**新宿駅**はＪＲ、地下鉄、私鉄とバスなどが多数発着する交通の要衝だ。これは、いまに始まったことではない。

江戸時代から宿場町として栄えた「新宿追分《おいわけ》」は交通の要衝だった。時代とともに新宿追分より街の外側にあった新宿駅の求心力が高まる。

宿場町は明治後期には面影が薄らぎ、駅周辺が活気に満ちるようになった。

そして、現在では大手私鉄に数えられる京王だが、昭和30年代に入っても路面電車に毛が生えたような電車が走っていた。京王が路面電車のような電車を運行していた最大の理由は併用軌道区間が多く残っていたことが大きい。

路面電車から出発した大手私鉄はほとんど併用軌道区間で建設されていた。それが時代とともに併用軌道区間を解消し、専用軌道区間へと転換した。専用軌道なら自動車と交じって走ることがないので、電車はスピードを出して走ることができる。スムーズに長大編成化することもできる。

昭和20年代が終わりに近づいても京王はターミナル駅の新宿駅の近くに併用軌道区間を残していた。1953年に京王は残っていた併用軌道区間を移設して解消。1963年に新宿駅も地下駅に切り替えた。こうして名実ともに京王は大手私鉄となる。

生活路線「新宿－京王八王子」

京王は駅のポスターや電車内広告でもさかんに高尾山《たかおさん》をPRしている。京王は生活路線の雰囲気が強い。沿線に観光地は少なく、高尾山は目玉の観光名所でもあるが、唯一といっていいほどの観光地だ。だから、沿線外からの利用者を呼び込むためにも高尾山を積極的に売り出したいのだろう。

一方で、京王にとって新宿駅をターミナルに**京王八王子駅**《はちおうじ》までを走る**京王線**が本線的な位置づけられている。実際、京王という社名の由来も東京の「京」と八王子の「王」をとって命名された。

高尾線《たかお》は京王線の**北野駅**《きたの》から分岐して**高尾山口駅**《たかおさんぐち》まで走る。高尾山口駅は、いうまでもなく高尾山の最寄り駅。大々的に売り出す高尾山だけに、京王にとって高尾線も無視できないほど大きな存在になっている。

京王線、高尾線ともに新宿駅から特急が発着している。北野駅まではどちらも停車駅は変わらない。位置づけは京王線が本線に相当するが、高尾線もそれと同格に扱われる。

また、**調布駅**《ちょうふ》から分岐して**相模原線**《さがみはら》へと直通する特急もある。こちらは京王線や高尾線に比べると開業年は遅い。それでも昭和30～40年代にかけて開発された多摩ニュータウンの通勤輸送を一手に担う。最盛期は多摩ニュータウンからの通勤利用者が多く京王を利用したこともあり、相模原線は京王の大動脈といえる存在だった。

日本の鉄道で唯一の「準特急」

京王は準特急という独自の電車を走らせている。準特急という名称は1959～1963年に小田急が、1960年に近鉄が特急専用の車両を使わないで特急を走らせるために用いていた。しかし、短期間で廃止された。

京王の準特急は新宿駅と高尾山口駅のあいだで運行されていた急行、通勤快速をスピードアップさせる目的で2001年に登場した。

当時の停車駅は、特急停車駅の**明大前駅**《めいだいまえ》、調布駅、**府中駅**《ふちゅう》、**聖蹟桜ヶ丘駅**《せいせきさくらがおか》、**高幡不動駅**《たかはたふどう》、京王八王子駅にJR南武線《なんぶ》と交差する**分倍河原駅**《ぶばいがわら》と、北野駅を加えたもの。高尾線内は、**めじろ台《だい》駅**、**高尾駅**に停車した。

最盛期、昼間は特急を運行せずに準特急が代替した。いうなれば準特急が通常の特急で、特急は通勤特急的な位置づけにあった。

2013年に高尾線内は各駅停車となり、2015年には相模原線にも運行を開始する。このときに都営地下鉄新宿線と接続する**笹塚《ささづか》駅**と、**千歳烏山《ちとせからすやま》駅**が準特急の停車駅に加えられた。

ほかの鉄道会社なら準特急ではなく「快速急行」といった名称で電車を運行するだろう。しかし、京王は準特急という、あまり聞き慣れない名称を使い続ける。その背景にはJR中央線や小田急多摩線との熾烈な競争があり、少しでも速さをアピールできる〝特急〟という言葉を使いたかったこと、特急という名称が沿線住民や利用者になじんでいたことが挙げられる。

京王では特急、準特急のほかにも急行、区間急行、快速が運行されている。そして途中駅で種別が変わる電車もある。京王の利用者や沿線住民は、こうした現象を〝化ける〟と形容する。化ける電車はほかでも見られるが、京王では朝夕を中心に増えている。ただでさえいろいろな種類の電車が走っているだけに、日常的に京王を利用している人でも複雑すぎて把握することは難しい。

武蔵の総社に線路が敷かれるまで

電車は井《い》の頭《かしら》線と交差する明大前駅に停車。さらに走ると調布駅に到着する。次の府中駅の駅前は武蔵国《むさしのくに》の総社《そうじゃ》・大國魂《おおくにたま》神社まで青々と茂る、けやき並木が広がっている。大國魂神社は現在でこそ府中駅の南側にあるが、昔は府中町の南北に広大な面積を誇っていた。

京王電気軌道と玉南《ぎょくなん》電気鉄道（ともに現・京王電鉄）とは大國魂神社を境に東と西に分断されていた。そのため、新宿駅から東八王子駅（現・京王八王子駅）まで京王は直通電車を走らせることができなかった。乗客はわざわざ府中駅で下車し、神社の境内を歩いて乗り継いでいた。

当時、伝統ある大國魂神社の境内をみだりに歩くことはできなかった。ましてや電車の乗り継ぎのために境内を歩くなどということは許しがたい行為でもあっただろう。

1928年に京王は大國魂神社の境内を横切るように線路を敷設。大國魂神社の境内に線路が敷かれるなど考えられないことだったが、社会情勢があと押しして交通の利便性が

かつて運行されていた競馬場線の臨時特急として走る7000系

優先されたのだろう。

府中駅の約1㎞南東には東京競馬場の最寄り駅となる競馬場線の府中競馬正門前駅がある。

1955年に開業した同駅は東京競馬場の最寄り駅。レース開催日は多くのファンでごった返す。同駅は平日は閑散とした雰囲気が漂い、2両編成の電車が寂しく走る。しかし、週末はほかの路線と遜色のない10両編成の電車が走る。東京競馬場でレースを開催する日は臨時準特急や臨時急行が同駅まで運行される。

また、競馬場線が分岐する東《ひがし》府《ふ》中《ちゅう》駅にもレース開催日は特急、準特急が臨時停車するなど特別ダイヤが組まれる。

天皇家と京王

特急停車駅の聖蹟桜ヶ丘駅は京王が本社を置いている。以前、同駅は地名から関戸《せきど》駅を名乗っていた。1923年に京王は関戸駅を聖蹟桜ヶ丘駅に改称。ここは明治《めいじ》天皇が鹿狩りをしたという由緒ある土地だったことから〝聖蹟〟という明治天皇を顕彰する意味を込めた語を冠している。駅近辺には多摩聖蹟記念館もある。

天皇と京王線との深い関係はこの駅以外にも見られる。すでに廃止されてしまったが、大正天皇の陵墓があった多摩御陵へとアクセスする御陵《ごりょう》線という路線が存在した。

前述の大國魂神社の境内を横切るように京王の線路を敷設できたのも、大正天皇に墓参する乗客を運ぶといった大義名分があったといわれる。

終点の御陵駅は大正天皇の威光を感じさせる銅色瓦葺《かわらぶ》きの神社風建築という堂々たる駅舎だった。御陵線は戦時中の1945年に不要不急路線として休止に追い込まれ、1964年に正式に一部が廃止。残りの一部は1967年に開業した高尾線に転用された。

停車駅の設定が不思議な高尾線

次の停車駅は高幡不動駅。京王線に交差するように多摩モノレールが頭上を走る。

駅名の由来になっている高幡不動尊《ふどうそん》（金剛寺《こんごうじ》）が同駅の観光スポットになっている。週末は同駅から分岐する動物園線に乗り換えて多摩動物公園駅までの利用者も多い。

京王線と高尾線が分岐する北野駅は駅周辺が新興住宅地然としているが、大きな駅舎を構える。そこからひと駅で京王八王子駅に着く。地下駅で、その上には駅ビルが建つ。JR八王子駅と約400m離れた距離にあり、駅前の雰囲気はやや異なる。

北野駅から高尾線へと進むと次の特急停車駅は、めじろ台駅。高尾線を開業させるにあたり、京王はめじろ台駅を住宅地として開発した。そして、JR中央線と接続する高尾駅、終点の高尾山口駅と続く。高尾駅までの車窓は自然の多い郊外然としながらも、まだ東京を感じさせる街並みだったが、高尾駅－高尾山口駅はひと駅だが、車窓は変わって少しずつ山に入っていく様子を実感できる。

高尾線内の特急は、めじろ台駅、高尾駅にだけ停車する。急行も停車駅は同じだ。一方、それより速いはずの準特急は各駅に停車する、めずらしい路線だ。

京王がいち早く導入した「女性専用車」

2001年3月に京王は「女性専用車」を他社に先駆けて本格的に導入した。女性専用

夕方のラッシュ時に多摩地区へ急ぐ「京王ライナー」5000系

車両は1912年に登場した「婦人専用電車」が最初といわれている。1973年に国鉄中央線で「婦人子供専用車」が廃止されて以降、どの鉄道会社も女性専用車を導入していなかった。

京王が「女性専用車」を復活させると、他社でも女性専用車両の導入が続出する。京王の先取的な試みが社会の賛同を得ているということなのだろう。また、女性の社会進出もここ十数年で飛躍的に高まった。そうした社会環境の変化も、女性専用車両の導入をあと押ししている。

京王の先取的な試みは、それだけではない。

1997年に京王は大手私鉄では初めての運賃値下げを断行した。これは調布駅以東の高架複々線化のための費用を捻出するために値上げしていたものの、計画を断念したことによるものだ。その収益は調布駅の地下化や車両の増備などに活用された。

京王初の有料列車「京王ライナー」の登場

高尾山などの観光地を抱える京王は、これまで有料特急を運行したことがなかった。相模原線には終点の**橋本駅**《はしもと》から延伸計画があり、その延伸計画が実現すると、津久井湖《つくい》などの自然にあふれた地域まで行くことができる。延伸計画では相模中野駅《さがみなかの》（相模原市緑区《みどり》）までが検討されており、実現すれば有料特急を走らせる可能性もあるのではないかと噂《うわさ》されていた。現時点で延伸計画は進んでいない。

有料特急ではないものの、2018年に京王は満を持して全車指定席の「**京王ライナー**」を登場させた。新宿駅を出ると京王線は府中駅、相模原線は**京王永山駅**《ながやま》まで停車しない。郊外からの通勤客に配慮した停車駅が設定されている。

車両はロングシートとクロスシートが切り替え可能なマルチシートを備え、先頭車は京王では初の流線型のデザインを採用。昼間は普通列車や都営地下鉄新宿線直通列車としても運行される。運がよければ料金なしで座り心地のいいシートを体験できるかもしれない。

第6章 東急電鉄
渋谷から横浜・中華街を特急で結ぶ

データ

種別	形態	列車名	最長運行区間	距離	使用車両名
S-TRAIN	●	S-TRAIN	（元町・中華街）－（西武秩父）*1	113.6km	西武:40000系
特急、通勤特急*2	×	（なし）	渋谷－（元町・中華街）*3	28.3km	一般車両全般

*1：土休日のみ。横浜高速鉄道、東京メトロ副都心線、西武に直通。
*2：平日のみ。
*3：横浜高速鉄道、東京メトロ副都心線、西武、東武に直通するが、乗り入れ先で種別変更が行われるため、本書では渋谷を始発駅とした。

東急のフラグシップ・トレインになりつつある5000系

路線図

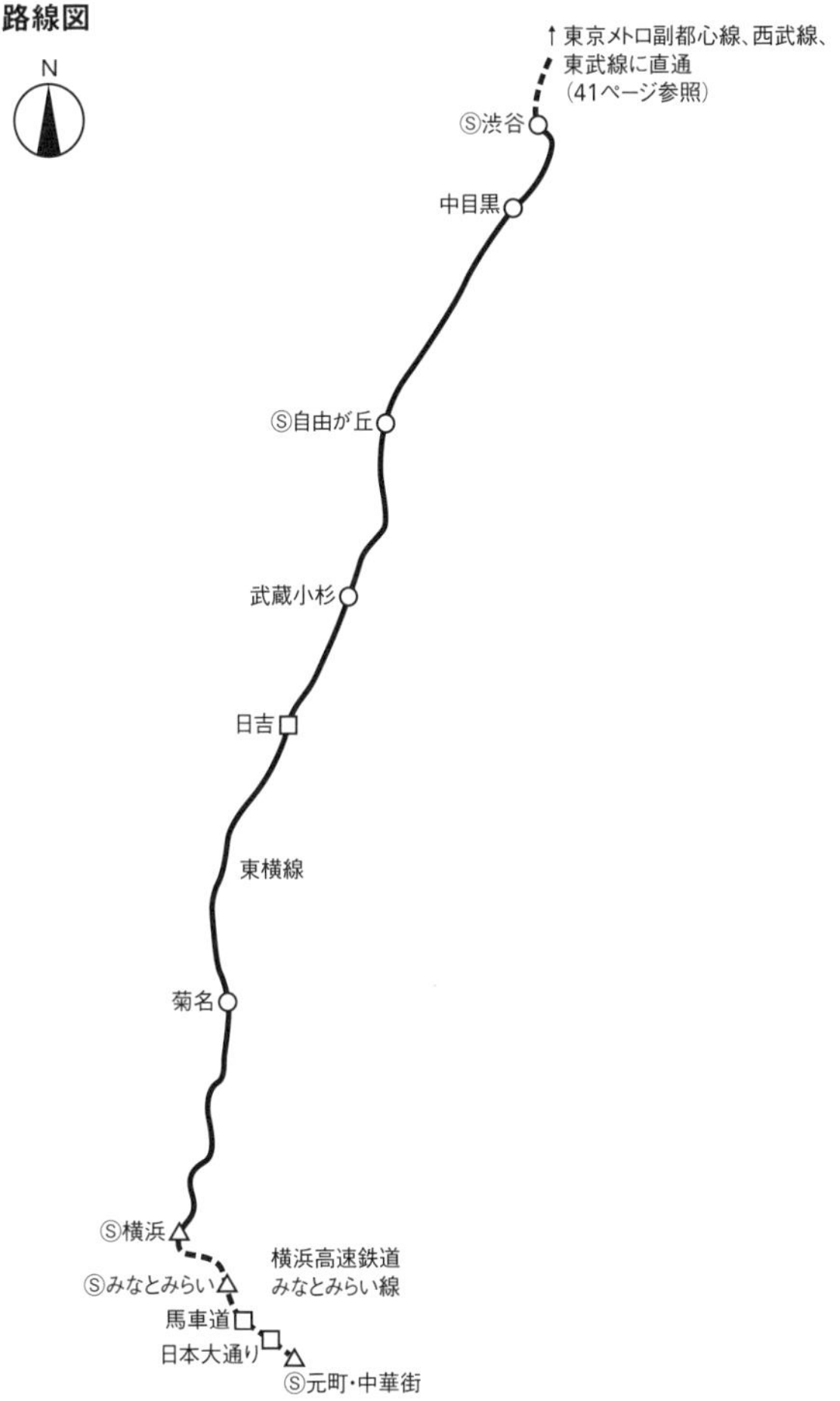

□：通勤特急のみ停車
△：「S-TRAIN」は下り降車、上り乗車のみ
Ⓢ：「S-TRAIN」停車駅

東横線に全車指定席列車が誕生

1922年に**東急電鉄**《とうきゅう》の前身である目黒蒲田《めぐろかまた》電鉄が設立された。現在、東急は**渋谷駅**《しぶや》を拠点に東京南西部から神奈川県に8路線を走らせているが、そのひとつである**東横線**は2001年に初めて特急電車を運行した。

東急が特急の運行を開始した背景には東京－横浜間で競合するJRの影響が多分にある。それまで貨物線として利用していた区間を、JRは湘南新宿ラインとして旅客列車を運行。湘南新宿ラインの運行が開始されると新宿駅、渋谷駅といった山手線西側が横浜と直結した。これをきっかけに東急利用者が湘南新宿ラインへと流れる可能性があった。利用者流出を防ぐため、東急は対抗策として東横線に特急の運行を開始した。

それでも東横線の特急に特急料金は必要ない。長らく東急は運賃のほかに料金を必要とする電車を運行してこなかった。

2017年に全車指定席列車である「**S-TRAIN**」が登場。「S-TRAIN」は特急ではないが、ロングシートからクロスシートへの切り替えが可能なマルチシートの車両で運行されている。運行区間は**横浜高速鉄道みなとみらい線**の**元町・中華街駅**から東横線、**東京メトロ副都心線**、**西武有楽町線**、**西武池袋線**を経て**西武秩父線**の**西武秩父駅**まで（一部は**所沢**

土休日は東横線に直通する西武の「S-TRAIN」40000系（写真は「拝島ライナー」として運行時）

駅、**飯能駅**で折り返し）で土休日のみに運行される。

東横線内の停車駅は**横浜駅**、**自由《じゆう》が丘《おか》駅**、**渋谷駅**の3駅。3駅には「S-TRAIN」運行開始にともなって新たに特急券の券売機が設置された。自由が丘駅への停車は東急のほぼ全路線と接続する大井町《おおいまち》線との乗り換えを可能にし、東急エリア全体からの利用客を取り込む狙いがある。

2018年に東急は大井町線と田園都市《でんえんとし》線で「Q SEAT」を連結した電車の運行を開始。「Q SEAT」を連結した電車は19時台から23時台に運行されるが、それは「S-TRAIN」のノウハウが十二分に生かされている。急行のうち1両がマルチシート車の指定席車になっており、大井町駅から自由が丘駅までは乗車のみ可能、二子玉川《ふたこたまがわ》駅から鷺沼《さぎぬま》駅までは降車のみ、たまプラーザ駅から長津田《ながつた》駅までは自由席になるというフレキシブルな運行になっている。

「Q SEAT」は不規則な乗降になっているため、利用者にはわかりにくい。まだ利用のしかたは十分に浸透しておらず、周知の呼びかけや誤乗防止の取り組み、各駅の待合スペースの整備といった改善の余地が残っている。

創業者・五島慶太の先見性

東横線は文字どおり東京・渋谷駅から神奈川県・横浜駅までを結ぶ路線だ。東急の主要路線でもあり、渋谷駅―高島町《たかしまちょう》駅（東急の駅は廃止）間が1928年に全通している。横浜高速鉄道みなとみらい線の開業によって2004年に東横線の横浜駅以遠の横浜駅―桜木町《さくらぎちょう》駅間は廃止。東横線は新たに、みなとみらい線と乗り入れを開始した。

東横線の起点でもある渋谷駅は東急の牙城であり、東京を代表する巨大ターミナル駅でもある。しかし、この駅を始発駅にしていたのは東急では東横線だけだった（田園都市線は東京メトロ半蔵門線と直通）。しかも2013年には東京メトロ副都心線を経由して西武

東急が開発した田園調布駅では地下化にともなって駅舎を移設して保存

有楽町線、池袋線、東武東上本線などと乗り入れを開始。これによって渋谷駅発の電車は激減。途中駅と化した渋谷駅の拠点性が薄まることで渋谷駅界隈《かいわい》のにぎわいも減るのではないかと危惧された。

　前身である目黒蒲田電鉄の名が示すように、開業当時の東急がターミナル駅と定めたのは目黒駅だった。現在の目黒駅周辺は閑静な住宅環境が人気を博しているが、当時は立地条件の悪さから利用者が多くなく、経営は思わしくなかった。

　東急グループの総帥・五島慶太《ごとうけいた》は玉川《たまがわ》電気鉄道（現・東急田園都市線）や市電（現・都電）が発着している渋谷駅に着目。渋谷駅に進出すれば多くの利用者を見込めると考えて線路の延伸を計画した。

渋谷駅進出計画は「リスクが大きい」として経営陣の一部から反対の声も上がった。それでも五島は持ち前の豪腕で反対を押し切って渋谷駅までの路線延伸を実現。

その後、ターミナルデパートの東横百貨店（現・東急百貨店東横店）をオープンさせた。渋谷駅を拠点に東急は大発展。五島の先見性がなければ渋谷は都市化が進まず、若者の街にはならなかったかもしれない。そして東横線の沿線をはじめ、東急王国と呼ばれるような良質なブランドイメージのある街は生まれなかっただろう。

先述したように、渋谷駅は東京メトロ副都心線との相互乗り入れで地下に乗り場を移した。東急が東横線ホームをわざわざ地下に移設したのは田園都市線との乗り換えが不便だったために、その解消を図ったことが理由にある。また、渋谷の再開発にあたり、用地を多く捻出する必要があったことも地下化をあと押しした。

それまでの東急の渋谷駅ホームはビルに入居しているような味わい深い雰囲気を放っていた。相互乗り入れによって東横線のホームは地下に深くもぐった。東急の〝新〟渋谷駅は建築家・安藤忠雄《あんどうただお》氏が空間デザインを担当し、〝宇宙船〟をイメージして設計された。しかし、地下に深くもぐった渋谷駅は電車に乗るまでがひと苦労。雰囲気も味気ない。今後、渋谷駅も時間をかけて変化していくだろうから、年を重ねてどう味わいを出していくのかに注目が集まる。

普通列車が特急に変身？

東急の特急は他社のように特別の車両を使用しない。だから特急料金も必要ない。各駅停車として走っていた車両が特急として走ったりもする。渋谷駅から元町・中華街駅までは特急だと約40分。特急専用車両をつくっても需要は乏しく、経済的に非効率と判断されたのかもしれない。

専用車両はないものの、特急を導入した東急は駅のポスターなどで「T⇕Y 東横特急 TOYOKO LIMITED EXPRESS」と東横特急をアピール。ＪＲへの対抗心を燃やした。この競争がいい方向に作用していけば、いずれ東急も特急専用車の導入を検討するかもしれない。

渋谷駅を出発した特急の停車駅は**中目黒《なかめぐろ》駅**、自由が丘駅、**武蔵小杉《むさしこすぎ》駅**、**菊名《きくな》駅**、横浜駅、**みなとみらい駅**、元町・中華街駅で、東横線内の特急停車駅はすべて乗換駅になっている。

特急が導入されるまで東横線では各駅停車と急行しか運行していなかった。ほかの私鉄では準急や快速を頻繁に走らせ、その分、各駅停車の本数はかなり減っている。
他社と比較すると、東急は各駅停車を大事にしているようにも思える。

行列のできる武蔵小杉駅と「時差Ｂｉｚ」

タワーマンションが群立する武蔵小杉駅が注目を浴びるようになったのはＪＲ横須賀《よこすか》線と湘南新宿ラインが停車するようになった２０１０年前後からだ。現在、武蔵小杉駅は横須賀線と湘南新宿ラインが停車し、東京駅や渋谷駅、新宿駅といったターミナルと一本でつながっている。

それまでの横須賀線と湘南新宿ラインは、武蔵小杉駅がなかったために素通りしていた。東横線やＪＲ南武線に加えて横須賀線と湘南新宿ラインが停車することになり、武蔵小杉駅の不動産市場は一気に高騰。駅周辺はタワマンが続々と建設された。タワマンには20～40代の子育て世帯が多く入居し、武蔵小杉駅の界隈は見違えるように大変貌する。

昔の街並みを知っている人にとって、武蔵小杉駅は別の街と錯覚してしまうほど変化が激しい。わずか10年で武蔵小杉駅はそれほどの大変貌を遂げた。

朝の通勤時間帯はタワマン居住者たちが駅に殺到して長蛇の列をつくる。タワマンは１

棟竣工すると人口が500人単位で増えていく。ゆえに人口増加のスピードが速く、行政も鉄道会社も対応が追いつかない。タワマン居住者が通勤する際に発生する長蛇の列は駅の混雑を招き、ときに危険な状況にも陥る。

東急は東京都などと連携して2017年から「時差Biz」を推進。その旗振り役を務める東急は6時台の田園都市線に「**時差Bizライナー**」を、東横線に「**時差Biz特急**」を運行。東横線では特急と停車駅は変わらないが、通勤特急より横浜駅－渋谷駅間の所要時間を4分短縮した28分で運行している。急速に発展した武蔵小杉駅の光景は、くしくも働き方改革という現代社会を考えさせることになった。まさに時代を投影した駅でもある。

菊名駅を経て、次の停車駅は東横線の終点となる横浜駅。東横線はその先の横浜高速鉄道みなとみらい線と相互乗り入れをしている。みなとみらい線の沿線には観光地が多い。横浜駅を境に乗客の様相もがらりと変わる。

2004年1月末まで東横線は横浜駅から桜木町駅まで運行していた。みなとみらい線との相互直通運転を開始したため、東急は横浜駅－桜木町駅間を廃止している。

第7章
相模鉄道
悲願の東京進出で躍進する横浜の大手私鉄

データ

種別	形態	列車名	最長運行区間	距離	使用車両名
特急			横浜－海老名	24.6km	一般車両全般
通勤特急	×	(なし)	横浜－湘南台	21.8km	
特急			羽沢横浜国大－海老名 *1	19.8km	12000系

2019年11月30日以降の状況。
*1：JR埼京線に直通するが、乗り入れ先で種別変更が行われるため、本書では羽沢横浜国大を始発駅とした。

JRへの直通車両として新風を吹き込んだ12000系

路線図

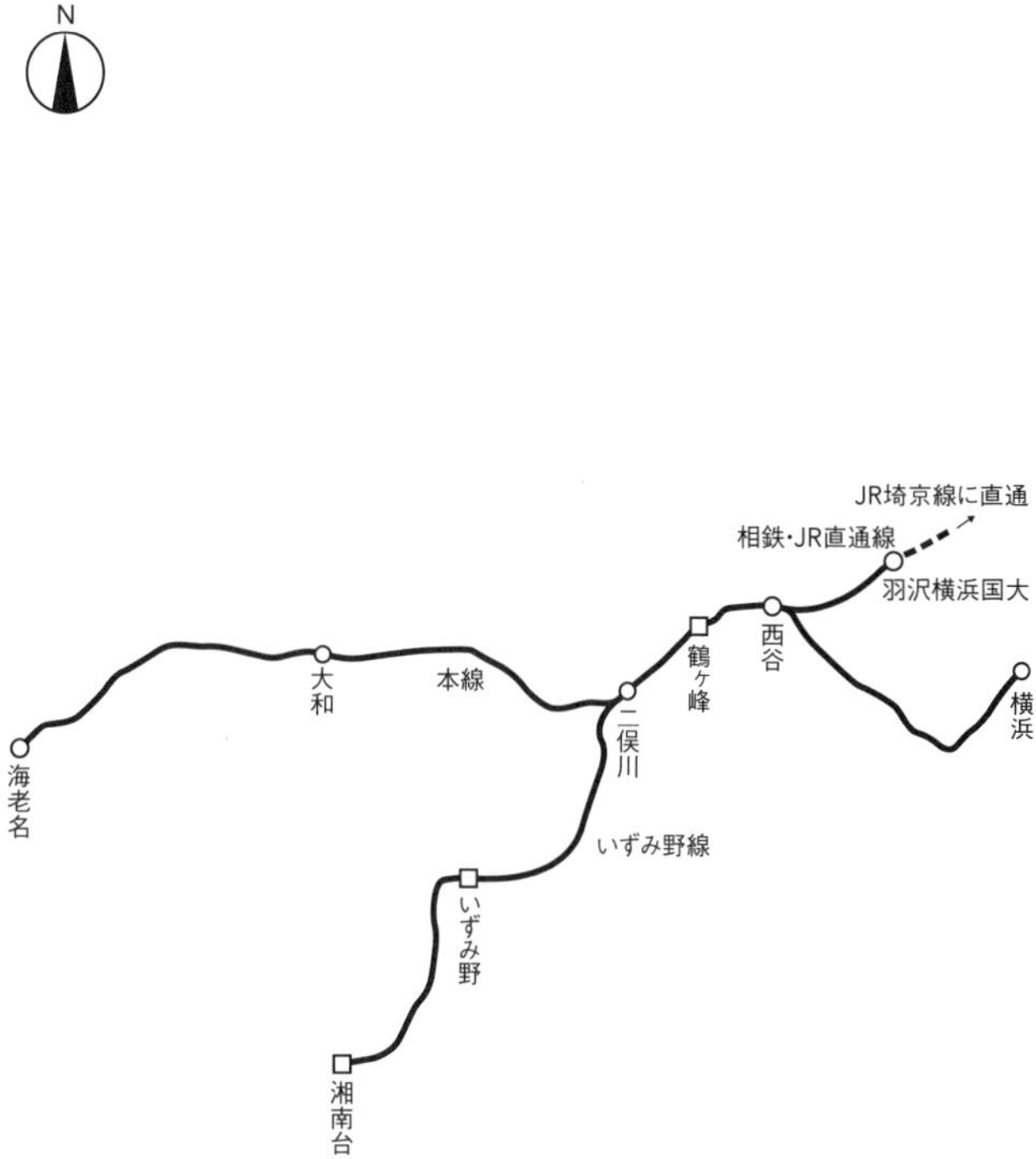

□：通勤特急のみ停車
2019年11月30日以降の状況

1990年に準大手私鉄から大手私鉄に昇格

横浜市内には住宅地があちこちに点在しているが、どこからも東京までは電車で約30分。通勤、通学が至便な距離にあるため、ベッドタウンとして人気が高い。高度経済成長期には横浜中心部も東京にまさるとも劣らない経済発展を遂げ、横浜市そのものが巨大な経済圏を築いた。

相模《さがみ》鉄道（相鉄《そうてつ》）も横浜市の玄関口・**横浜駅**をターミナルにしている。横浜駅にはJR、東急、京浜《けいひん》急行電鉄（京急《けいきゅう》）、横浜高速鉄道、横浜市営地下鉄が発着する。

鉄道業界では東京圏、名古屋圏、大阪圏、福岡圏を地盤とする私鉄16社を大手私鉄に区分している。相鉄の旅客営業路線は総延長が35・9㎞。これは大手私鉄16社で最も短い。相鉄には**本線**、**いずみ野《の》線**のほか、貨物専用の厚木《あつぎ》線もあるが、それも2・2㎞しかない。

路線規模が小さいことから、長らく相鉄は新京成《しんけいせい》電鉄、泉北《せんぼく》高速鉄道、北大阪《きたおおさか》急行電鉄、神戸高速鉄道、山陽《さんよう》電気鉄道とともに準大手私鉄として区分されていた。

1990年、ようやく相鉄は大手私鉄に区分された。大手私鉄になったからといって外見上は何も変わらない。それでも相鉄にとって大手私鉄になることは悲願でもあり、社員のモチベーションは大きく変わったことだろう。

世界遺産サグラダ・ファミリアを超えた横浜駅

スペイン・バルセロナの世界遺産「サグラダ・ファミリア」は長年にわたる工事のため、永遠に完成しない建築物とされてきた。長期間にわたって工事を継続している横浜駅もサグラダ・ファミリアになぞらえられることが頻繁にある。しかし、サグラダ・ファミリアは2026年に完成予定とアナウンスされた。横浜駅はサグラダ・ファミリア超えが確実であり、もはや世界遺産級の建造物ともいえる。

横浜駅の相鉄ホームは4面3線構造。横浜駅全体の規模から見ると決して大きくないが、横浜駅西口は相鉄の牙城といえる一画でもある。

戦後の復興から高度経済成長、バブル期と、横浜駅西口は目覚ましい発展を遂げた。そうした歴史のなかで、とくに相鉄は横浜駅の復興期に大きな役割を果たしている。

1945年に相鉄は鉄道事業の運営を東急に委託していた。1947年に相鉄は東急に委託していた鉄道部門の委託を解除、自社による直営に切り替えた。そして社長の川又貞《かわまたてい》次郎《じろう》が先頭に立って横浜駅西口の開発に乗り出す。

終戦直後の横浜駅西口は砂利や木材置き場になっていて、有効活用されているとはいいがたい状況だった。川又は横浜市と協力関係を築いて西口一帯を買収し、駅前の整備に乗り出した。

横浜駅西口には横浜駅名品街《めいひんがい》とともに相鉄会館が竣工。相鉄会館の核テナントとして相鉄が出資した髙島屋ストア（現・横浜髙島屋）がオープンしている。

相鉄が繁華街に育てた横浜駅西口

横浜駅西口の開発を進める一方、川又は沿線開発も同時に着手した。相鉄は本線の**二俣《ふたまた》川《がわ》駅**－三《み》ツ境《きょう》駅間を重点的に宅地化。宅地化にあたって相鉄は両駅のあいだに希望《きぼう》ヶ丘《おか》駅を新設している。そして1952年までに横浜駅－希望ヶ丘駅間を複線化した。

同区間の複線化や希望ヶ丘駅の人口増加などもあり、相鉄は1960年から「お買い物電車」の運行を開始。「お買い物電車」は**海老名《えびな》駅**－二俣川駅間は各駅に停車、二俣川駅－横浜駅間はノンストップで走る電車で、相鉄が出資していた横浜髙島屋が全面協力した。そのため、車内には横浜髙島屋の店員が添乗して「今日のお買い得品」を知らせることもあったという。

沿線開発が奏功して相鉄の利用者は増加の一途をたどった。１９６９年には横浜駅利用客が京急や東急を抜いて国鉄に次ぐ2位になった。

それまで横浜の繁華街は桜木町駅一帯や伊勢佐木町《いせざきちょう》周辺と目されていた。相鉄の沿線開発は横浜駅界隈を大きく刺激し、買い物客などでにぎわうようになる。その後も相鉄は横浜駅西口開発の手をゆるめず、１９７３年には新しい駅ビル「相鉄ジョイナス」がオープンしている。

いずみ野線の開業で通勤客が激増

高度経済成長期の横浜は人口の伸びが急激で、宅地造成が追いつかなかった。神奈川県や横浜市などは民間企業とも協力して広大な田園地帯を住宅地へと転換していった。

問題は住宅地から都心部への足で、相鉄もニュータウンの足となる、いずみ野線を建設する。二俣川駅で本線から分岐するいずみ野線は１９７６年に二俣川駅―**いずみ野駅**間が開業。その後も段階的に延伸し、１９９９年に小田急江ノ島線に接続する**湘南台駅**《しょうなんだい》まで開業した。

１９９０年代以降の相鉄は沿線開発の主軸をいずみ野線へとシフトさせている。いずみ野駅、緑園都市《りょくえんとし》駅などは閑静な住宅街として注目された。

沿線人口や利用者の増加にともない、湘南台駅から先にも延伸する計画も進められているが、具体的な内容は詰められていない。

待ちに待った「特急」が運行開始

2014年に満を持して相鉄は本線といずみ野線で特急の運行を開始した（現在は、いずみ野線は通勤特急のみ）。相鉄は路線が短いながらも以前から快速、急行を運行していたが、そこに特急が加わったのだ。

現在、相鉄には特急専用車両はない。また、特急料金も必要なく、運賃のみで乗車できる。そのため、横浜駅から二俣川駅以遠に向かう際に特急を使うといった使用実態になっている。急いでいるからとか、座って移動したいというリクエストを満たすために運行されているわけではない。

横浜駅を中心に路線を延伸してきた相鉄は、路線が短いことや、経営を東急に委託していたこともあって自社で車両の製造はしてこなかった。需要が増え続ける戦後も国鉄や他社からの譲渡車で運行を賄っていた。

戦後に沿線の宅地化が進むと高頻発運転や長大編成化といった輸送力増強が求められるようになる。相鉄は新性能電車の草分けとされる初代５０００系を製造して１９５５年から運行を開始。以降、相鉄は車両の近代化が一気に進んでいく。

１９６１年には増え続ける需要に対応すべく６０００系が登場。１９７０年には車体幅を２９３０㎜にワイド化した新６０００系が登場し、輸送力を大幅にアップさせた。

輸送力増強は相鉄が抱える課題のひとつになっており、１９８１年には10両編成での運転を開始。１編成あたりの輸送力は25％増加している。

その後も１９７５年に７０００系、１９９０年に８０００系、１９９３年に９０００系を新造。２００２年の１００００系と２００９年の１１０００系はＪＲ東日本の車両をベースに設計された。とくに１１０００系は２０１９年11月30日から始まるＪＲ線への相互乗り入れを前提とし、設計にもそれが反映されている。

質実剛健なイメージを刷新した「ヨコハマネイビーブルー」２００００系

新たな車両が続々と走り始めた相鉄だったが、多くの車両が地味な印象を与える外観だった。鉄道は安全かつ時間どおりに人やモノを届けることが第一だ。そこに華やかさは必要ない。

そうした建前は理解できるものの、やはり華が欲しいと思うのが人情。相鉄は2015年から「相鉄デザインブランドアッププロジェクト」を本格始動し、駅や車両などをオシャレなデザインへと切り替え始めている。

そうした流れのなかで生み出されたのが20000系だった。それまでの相鉄のイメージを覆す「ヨコハマネイビーブルー」一色の車体は鉄道ファンや利用者のあいだで話題を呼んだ。そして鉄道友の会が贈るブルーリボン賞、ローレル賞のうち、ローレル賞を受賞。相鉄では初受賞の栄誉に浴した。

20000系に加え、「相鉄デザインブランドアッププロジェクト」では9000系も車体を「ヨコハマネイビーブルー」に塗り替えている。

東京への直通運転開始で新たな需要を開拓

横浜駅に独立したターミナルを構える相鉄は、相互乗り入れをしていなかったため、都内でその電車を目にすることはない。しかし、2019年11月30日に**西谷駅**《にしや》からJR東海道貨物線を通って武蔵小杉駅、大崎《おおさき》駅を経て埼京《さいきょう》線に乗り入れる。このルートによって相

西谷駅からJRに連絡する地下線に入る試運転列車

鉄は東京都内に直結。特急もＪＲに乗り入れることが発表されている。

また、２０２２年度内に相鉄は東急線経由で東京都内に乗り入れる予定にしている。

東急線との相互乗り入れでは東海道新幹線の新横浜駅に隣接する新駅も計画されている。昨今、新横浜駅は新幹線の全列車が停車するようになり、急速に求心力を増している。それだけに、相鉄にとってメリットは大きい。

相鉄はＪＲ乗り入れ用車両として２０１９年から新たに１２０００系の運行を開始。１２０００系もＪＲ東日本の車両をベースにした車体に「ヨコハマネイビーブルー」の車体カラーを採用し、相鉄を走る電車はイメージ刷新が格段に進んでいる。

第8章 京浜急行電鉄

三浦半島を「快特」で楽しむ

データ

種別	形態	列車名	最長運行区間	距離	使用車両名
快特	●	モーニング・ウィング号 *1	泉岳寺←三浦海岸	63.5km	2100形
		イブニング・ウィング号 *1	品川→三崎口	65.7km	
エアポート快特	×	(なし)	(押上)ー羽田空港 *2	27.1km	600、1000形
快特			羽田空港ー京急久里浜	55.3km	一般車両全般
快特、特急			泉岳寺ー羽田空港 *3	15.7km	
			泉岳寺ー三崎口 *3	66.9km	
特急			泉岳寺ー浦賀 *3	56.7km	
			泉岳寺ー新逗子 *3	48.0km	
			羽田空港ー三崎口	64.2km	
			羽田空港←浦賀 *1	54.0km	
			羽田空港ー新逗子 *1	45.3km	

「羽田空港」は「羽田空港国内線ターミナル」の略。*1：平日のみ。*2：都営地下鉄浅草線、京成に直通するが、押上で種別変更が行われるため、本書では押上を始発駅とした。*3：都営地下鉄、京成、北総鉄道、芝山鉄道に直通するが、押上または品川で種別変更が行われる列車もあるため、本書では泉岳寺を始発駅とした(品川→泉岳寺間の上り列車は乗り入れ先の種別で運行される場合もある)。

2ドア、クロスシートが特徴のフラグシップ・トレイン2100形

路線図

□：特急のみ停車
Ⓐ：エアポート快特は通過
Ⓦ：「イブニング・ウィング号」「モーニング・ウィング号」は通過
Ⓜ：「モーニング・ウィング号」停車駅

特急より速い電車が走る京急

京浜《けいひん》急行電鉄（京急《けいきゅう》）はエアポート快特《かいとく》、快特、特急、エアポート急行、普通の5種類を運行している。快特は快速特急を意味するが、略語ではない。京急ではれっきとした正式名称として使われている。

快特の車両は主に2100形が使用される。2100形は1997年の京急開業100周年を記念して翌年にデビューした。最高速度は時速120㎞という屈指のスピードを誇るが、2100形のウリはそれだけではない。車内は2ドア、クロスシート（2人がけ）となっており、快適性も確保されている。これは東京－横浜－横須賀間で競合するJRを意識しているのだろう。

以前は朝夕を除いて**品川《しながわ》駅**から**三崎口《みさきぐち》駅**まで走る2ドアでクロスシートの電車のみが快特で、京成線や**都営地下鉄浅草線**と相互直通する電車は3ドアでロングシートの特急というのが基本パターンだった。

また、京急は基本的に快特、特急に運賃以外の料金が発生しない。

JRとの競争から生まれた歴代フラグシップトレイン

京急は長らくJR東海道本線や横須賀線と熾烈なスピード競争を演じてきた。特急専用車両を持たない京急だが、東海道本線や横須賀線に対抗するために、つねに高速運転やサービス向上という課題に向き合ってきた。そうした意識は車両に反映されている。

現在、京急のフラグシップ車ともいえるのは2100形で、看板車両として獅子奮迅《ししふんじん》の活躍をしている。座席には転換クロスシートを配し、当初は音階を奏でる制御装置を採用。2100形で採用された制御装置は、のちにドレミファインバータと呼ばれるようになり、京急利用者や沿線住民、鉄道ファン、子どもたちなどから広く親しまれた。

2100形は1998年に登場したが、それ以前にも東海道本線や横須賀線との競争を勝ち抜くために、京急はフラグシップ車の開発に力を注いできた。

1950年に京急は平日の朝夕に急行を、休日に特急の運行を復活させた。復活した急行・特急用車両として翌年に500形を新製。セミクロスシート車だった500形は行楽シーズンに多くの乗客を三浦《みうら》半島に運んだ。

1956年、高度経済成長へとひた走る日本は生活水準も向上。暮らしに余裕が生まれ、海水浴やハイキングなどの家族でレジャーを楽しむようになる。外出にはマイカー利用もあったが、鉄道の需要も増した。そうした時代背景もあって、京急と東海道本線、横須賀線の競争は激化する。

激化する競争を勝ち抜くため、京急はフラグシップトレインの700形（初代）を投入。700形の登場を受け、1957年には特急の終日運転を開始。通勤急行も新設された。

また、京急は東海道本線や横須賀線に対抗するための手段として、快適な車両だけでなく所要時間の短縮も図った。そのため、翌年には最高時速を100kmへと引き上げている。

これらの取り組みによって三浦半島方面への行楽客は京急に流れていく。

ライバルの東海道本線や横須賀線と火花を散らしてきた歴代のフラグシップ車からバトンを受け取った2100形は京急の社運を背負った車両ともいえる。

拠点性がアップした京急蒲田駅と成長を続ける空港線

品川駅から快特に乗車すると、わずかな時間で次の停車駅である**京急蒲田駅**に到着する。京急蒲田駅は羽田《はねだ》空港にアクセスする**空港線**が分岐している。

京急蒲田駅でいちいち乗り換える手間を省くために品川駅や**横浜駅**方面から空港線へと乗り入れる電車もある。

高架化される前の京急蒲田駅では空港線が国道15号を横断していた

京急蒲田駅から空港線への線路は急カーブになっているので、空港線へと走る電車はゆっくり通過しながら**羽田空港国内線ターミナル駅**を目指していく。

京急蒲田駅から空港線に入るとすぐに電車は国道15号を横切る。現在は高架化されているので国道15号と空港線が干渉し合うことはない。

空港線は時代を経るごとに空港に向かう乗客が増加したこともあり、電車の本数も増えていった。国道15号は自動車の往来が激しく、そのために慢性的な渋滞を引き起こすことになる。

正月に開催される箱根駅伝は国道15号がコースになっている。近年は電車の運休など万全な態勢が敷かれていたため、めったに起きることはなくなっていたが、駅伝のランナーを踏切が足止めさせるハプニングが起きることもあった。

そんな名物として知られる踏切は渋滞解消を目的に廃止。空港線は一部区間が高架化された。高架化された京急蒲田駅は「要塞」と呼ばれるほどの異様な雰囲気を醸している。

2004年に羽田空港第2ターミナルが新設された。これで航空機の発着便数が増え、レストランやお土産ショップも充実。空港の展望デッキは飛行機が発着する様子を見学できることもあって手軽な観光地としても人気が高い。今般、外国人観光客が増えている。それにともない、空港線や羽田空港の重要性は大きくなっている。

2010年には国際線ターミナルも開業。羽田空港は規模の拡大が続く。名実ともに東京と世界を結ぶ玄関口になりつつある。

羽田空港が存在感を増せば増すほど京急蒲田駅の拠点性は向上する。昭和期の京急蒲田駅は町工場が点在する街だったが、平成の30年間で羽田空港の門前町の趣を濃くした。

「開かずの踏切」が有名だった京急川崎

京急蒲田駅の次に快特が停車するのは**京急川崎《かわさき》駅**。京急蒲田駅はJR蒲田駅と約700

m離れており、完全に別の駅と認識される。一方、京急川崎駅はJR川崎駅とほぼ同じ場所にある。それでもわずかに位置がずれているため、駅名に「京急」を冠している。

京急川崎駅には大きな踏切があり、当時から地元では開かずの踏切として有名だった。京急線の線路の横には1969年に全廃した川崎市電も走っていた。

京急川崎駅の踏切は事故や渋滞の原因とされた。そのため、高架化工事も早くから着手された。1966年には高架が完成。京急の高架化第一号になった。

川崎市は京浜工業地帯の中心地でもあり、とくに臨海部は大企業の工場がたくさん進出している。川崎臨海部に工場が進出したのは大正時代なので、もう100年以上も歳月を経たことになる。

近年、川崎市は内陸部側に人口が増えてきている。それにともない、京急川崎駅一帯もここ10年ほどで見違えるほど変貌した。それでも川崎を発展に導いた工業都市のイメージは色濃く残っている。

品川－横須賀間をめぐる京急とJRのデッドヒート

京急は京浜電気鉄道として1905年に品川駅（現・北品川《きたしながわ》駅）－神奈川駅間を全通さ

せた。1933年には湘南電気鉄道の**浦賀駅**《うらが》まで直通運転を開始。このころから国有鉄道の横須賀線との競合関係が始まる。両者はスピードとサービスで競争。ロングシートではなくクロスシートの新型車両を導入して利用者獲得に努めた。

横須賀線は東京と古都・鎌倉《かまくら》、軍港・横須賀、皇室の御用邸がある葉山《はやま》の玄関口・逗子《ずし》を結ぶ重要路線だった。この路線を開業させるために強引に用地買収も進められた。本来なら東京－大阪間といった東西両都を結ぶ東海道本線のほうが早く完成させるべき路線だが、東京－大阪間は距離も長く、それだけに工費も工期も莫大《ばくだい》なものになる。また、途中には険しい山もあり、難工事が予想される。そのため、東海道本線だけを優先的に建設することは難しかった。

横須賀線は1930年に東京駅－横須賀駅間を約1時間で結ぶことを可能にしていた。当時の電車としては驚異的なスピードといっていい。80年以上が経過した現在でも東京駅－横須賀駅間の所要時間はほとんど変化していない。時間帯によっては遅くなっている電車もある。

横須賀線の泣きどころは、JR横須賀駅が旧軍港に近い町外れにある点だ。

対して京急の**横須賀中央駅**は横須賀市街地に近く、圧倒的に利便性が高い。東京－横須

期間限定で「黄色い京急」と「赤い西武」が登場　撮影:清談社

賀間を移動する際、どうしても利用者は京急を使いがちになるのは駅の立地によるところが大きい。

一方、特急の乗り入れが朝夕しかなく、昼間の線内は各駅停車のエアポート急行のみの運行となっている**逗子線**はJR横須賀線と湘南新宿ラインに歯が立たない。横須賀中央駅を境にJRと京急の形勢が大きく反転するのは興味深い。

京急は2020年3月に逗子線の終点・**新**《しん》**逗子**《ずし》**駅**を「逗子・葉山駅」に改称することを発表。駅名を改称することで景勝地の逗子と葉山をアピールする狙いがあると思われるが、安易な駅名改称は利用者の混乱を招き、逆に利用者離れを起こしかねない。

慣れ親しんだ駅名を改称するという京急のアイデアは、果たして吉と出るか、凶と出るか。

赤い電車の京急にブルーとイエローの電車が登場

京急には一般的に赤い電車のイメージが定着している。ところが京急には青い電車と黄色い電車もある。

青い電車は「KEIKYU BLUE SKY TRAIN」と呼ばれるもので、2005年に登場した。コンセプトは「羽田空港の空」と「三浦半島の海」。カモメのロゴマークが車体にあしらわれているとおり、まさに海というイメージを前面に押し出している。

黄色い電車は「KEIKYU YELLOW HAPPY TRAIN」で、2014年から運行されている。京急には旅客用車両とは別に機材などを運搬する事業用車両があり、それが黄色い車体をしていた。赤い電車の京急において黄色い事業用車両は目立つものの、事業用という用途から乗車することはできない。そうした状況から沿線住民やファンからは「目撃したら幸せになれる」という都市伝説が生まれるようになり、「KEIKYU YELLOW HAPPY TRAIN」が運行されるようになった。

赤い電車が主役の京急にあって「KEIKYU BLUE SKY TRAIN」や「KEIKYU YELLOW HAPPY TRAIN」は異端児的な雰囲気を放っているが、利用者からは高い評価を得ている。

「三崎マグロ駅」が爆誕!?

終点の三崎口駅に近づくと遠目に海が見えるようになる。三崎口駅前からは海を目にできないが、駅前にはマグロなどを売っている店も並んでいる。そうした街並みから海が近いことが感じ取れる。

２００９年に京急は「みさきまぐろきっぷ」を発売した。同きっぷは乗車券のほか、三崎口駅から京急バスでアクセスできる三崎港《みさきこう》に近い32の店舗で食事券として使えるほか、土産品店で引換券としても使用できる。

三崎港界隈にはマグロを中心とした特別メニューをそろえた店が多い。「みさきまぐろきっぷ」はイベント的に発売された限定きっぷだったが、利用者から好評を得たこともあって、通年販売に切り替えられた。

２０１７年には対象店舗を拡大し、さらに京急は三崎口駅の駅名板に「マグ」と書き足して「三崎マグロ駅」へと一時的に改称するキャンペーンも敢行。シャレをきかせた取り組みによって沿線外から集客する大きな効果を発揮している。

「モーニング・ウィング号」と「イブニング・ウィング号」

京急では、2100形による「**モーニング・ウィング号**」「**イブニング・ウィング号**」を運行している。前身の「**京急ウィング号**」(現「イブニング・ウィング号」)は1992年から運行を開始した。

「京急ウィング号」は品川駅を出ると横浜駅をも通過、**上大岡《かみおおおか》駅**までノンストップで走る。品川駅の発車時は全車指定席になっており、上大岡駅以遠は自由席へと切り替わる。座って帰れる「京急ウィング号」はビジネスパーソンに好評を博した。そうした声を受け、2015年からは朝の時間帯にも「モーニング・ウィング号」が登場している。

「モーニング・ウィング号」は**三浦海岸《みうらかいがん》駅**を始発駅とし、横須賀中央駅、**金沢文庫《かなざわぶんこ》駅**、上大岡駅、品川駅、**泉岳寺《せんがくじ》駅**に停車するダイヤが組まれている(一部は横須賀中央駅始発)。**久里浜《くりはま》線**の始発駅となる三崎口駅や始発列車が多く設定されている**京急久里浜駅**には停車しない。また、一大ターミナルの横浜駅も通過する。

そうした停車駅の設定から「モーニング・ウィング号」「イブニング・ウィング号」は京

急沿線に在住し、東京駅や品川駅近辺に勤務するビジネスパーソンをターゲットに、着席通勤を売りにしていることがうかがえる。

品川駅発の「イブニング・ウィング号」に比べると、「モーニング・ウィング号」の運行本数は1日3本と少ない。それでも1カ月間有効の「ウィングパス」という定期券と同等のチケットもある。

2019年秋からは、2100形を使用した快特の一部に、土休日に必ず座れる「ウィング・シート」も導入されている。

第9章

名古屋鉄道

セントレアには「ミュースカイ」がよく似合う

データ

種別	形態	列車名	最長運行区間	距離	使用車両名
ミュースカイ	○	ミュースカイ	名鉄岐阜－中部国際空港	71.1km	ミュースカイ
			三柿野－中部国際空港	75.8km	
			新可児－中部国際空港	82.4km	
快速特急、特急	△	(なし)	豊橋－新鵜沼	98.1km	パノラマsuper ほか
			豊橋－名鉄岐阜	99.8km	
			豊川稲荷－名鉄岐阜	97.4km	一般車両全般
			豊橋－新可児	111.1km	
			西尾－須ヶ口	50.2km	パノラマsuper ほか
特急			名鉄岐阜－中部国際空港	71.1km	一般車両全般
			新鵜沼－中部国際空港	69.4km	
			河和－名鉄岐阜	78.7km	
			河和－新鵜沼	77.0km	
			内海－名鉄岐阜	86.1km	
			内海－新鵜沼	84.4km	
			内海－佐屋 *1	75.2km	パノラマsuper ほか

*1：平日のみ。

「パノラマカー」の伝統を受け継ぐ「パノラマsuper」1000系

路線図

◎：ミュースカイ停車駅

□：快速特急は通過

△：快速特急は通過、特急のうち佐屋行き、終着列車、平日の名鉄岐阜行き1本のみ停車

▽：特急は平日朝ラッシュ時の南行のみ通過

特別停車駅は省略（ただし全駅が特別停車駅の豊川線は表示

豊川稲荷始発列車は名古屋本線で本宿、美合にも停車）

快速特急は名古屋本線、犬山線、豊川線のみ運行

空港線開業で新特急投入

2005年に中部国際空港（セントレア＝central+air）が開港した。同時に**名古屋鉄道**《なごや》（名鉄《めいてつ》）が**空港線**を開業させた。空港線は**常滑線**《とこなめ》を延伸するかたちで開業。同線とほぼ一体化されている。

常滑線と空港線が別々の路線になっている理由は空港線4・2㎞が名鉄ではなく第三セクターの中部国際空港連絡鉄道が所有しているからだ。また、同区間には加算運賃が設定されているので、ほかの区間より割高になっている。

空港線の開業にともない、名鉄は**名鉄名古屋駅－中部国際空港駅間**を最速28分で結ぶ空港アクセス列車「**ミュースカイ**」（2000系）を投入。中部国際空港駅は3番線まで乗り場があり、1番線は「ミュースカイ」専用ホームになっている。

中部国際空港駅はホーム全体がガラスに覆われている。その構造に違和感を抱くかもしれない。また、オシャレに感じるかもしれない。しかし、これは空港がつねに強風が吹きつける海上に建設されたため、駅や電車を風から防護するための工夫《くふう》だ。

常滑は陶器製造がさかんな地だが、全国的な知名度は大きいとはいいがたい。空港線の開業によって常滑線もフィーチャーされる。「ミュースカイ」の運行もあり、沿線には活気が出てきた。

中小私鉄が合流して誕生した名鉄

名鉄は1894年に設立された愛知馬車鉄道を前身としている。翌々年には名古屋電気鉄道と社名を変更し、国内では京都市に次いで2番目の電車の運行を開始。その後、中小私鉄の合流を10回以上も繰り返し、1935年にほぼ現在の名鉄が成立する。

知多《ちた》鉄道、三河《みかわ》鉄道、瀬戸《せと》電気鉄道と中小の私鉄が多数合併したこともあって、名鉄には過疎地を走る路線も少なくない。**豊橋《とよはし》駅**から**名鉄岐阜駅**までを結ぶ**名古屋本線**以外の路線は運転本数が少なく、無人駅もそれなりにある。名鉄特急はこうした路線にも運行しているが、やはり名古屋本線に比べると見劣りしている感は否めない。メインルートは名古屋本線なのだ。

その名古屋本線は全線にわたってJR東海道本線と競合している。名鉄の特急は有料の特別車（指定席）ではなく特別料金が不要の一般車（自由席）を連結している。豪華にゆったり旅したいときは特別車、普通に移動したいときは一般車という使い分けができる。

「新名古屋駅」から「名鉄名古屋駅」に

名鉄名古屋駅は名鉄の拠点といえる駅であり、名古屋本線のほかにも**犬山線**《いぬやま》、常滑線、空港線など多くの電車が発着する。名古屋駅と隣接しており、2005年以前は新名古屋駅という駅名だった。

全国の他都市を見ても、私鉄の「新○○駅」とJR○○駅とは少し離れて立地していることが多い。名鉄の新名古屋駅とJR名古屋駅が別々に離れた場所にあると誤解されないように現在の名称に改称されたようだ。

同様に新岐阜駅、新一宮《しんいちのみや》駅がそれぞれ名鉄岐阜駅、**名鉄一宮駅**に改称された。中部国際空港の開港によって増える国内外からの利用者を意識しているのだろう。

中部国際空港が開港した2005年を機に名鉄では変わったことが多々ある。名鉄の電車はそれまで特急、急行、準急、普通の4種類だった。これが特急より速い快速特急と急行より速い快速急行が誕生。名鉄岐阜駅方面から空港までを南下する快速特急が登場した。「ミュースカイ」と特急の特別車に乗るためには特急券の「μ《ミュー》チケット」を購入しなければならない。「μチケット」という不思議な名称は名鉄のMからミューという音だけをとっている。

名鉄名古屋駅のホームで待っていると忙《せわ》しなく電車が発着している。特急も普通列車も同じホームから発着するから2、3分で次の電車がホームに滑り込んでくる。

名鉄名古屋駅にとって日常風景だが、数少ないホームを有効活用している様子は機能的かつ効率的だ。

不朽の名車7000系と名物ミュージックホーン

空港線の開業によって名鉄には「ミュースカイ」が走るようになった。しかし、それまで長きにわたって名鉄特急は「**パノラマカー**」が務めてきた。

1961年に登場した「パノラマカー」は前面展望が採用されて運転士気分を味わえることから人気が高かった。とくに子どもたちの人気は高く、長らく名鉄不朽の名車といわれた。

「パノラマカー」という名称は名鉄特急の代名詞のようになり、現在も「super」をつけて受け継がれている。しかし、名古屋っ子にとって「パノラマカー」といえば初代「パノラマカー」だった7000系を真っ先に思い浮かべる人が多いだろう。

初代「パノラマカー」は「パラ～パラ～パララ～♪」という不思議な音色を響かせる

私鉄特急史上最高の名車といわれた初代「パノラマカー」7000系

ミュージックホーンを装備していた。名鉄の電車は空笛、電笛、ミュージックホーンの3種類を鳴らせるが、どういった場面でどの汽笛を使うのかは決まっていない。すべて運転士に一任されている。そのため、乗車するときにどの汽笛を聞けるかわからない。そのわくわく感も子どもたちを魅了した。「パノラマカー」独特のミュージックホーンの音色が懐かしいという往年のファンや沿線住民は少なくない。

1988年には新型車両の1000系「**パノラマsuper**」が登場。「パノラマsuper」も前面展望を採用し、それでいて先頭車両がハイデッカー構造になっているため、「パノラマカー」より眺望は向上。

前面展望のガラスは曲線ガラスを6枚使った複層ガラス構造になっていた。そのユニークなデザインはいまだに鉄道ファンを魅了している。ただ、「パノラマsuper」は観光特急というよりビジネス特急という色合いが濃い。そうした事情が奏功しているのか、先頭車両の座席をとることはそれなりに容易で、さえぎるものが車両のガラスしかない最前列の席に座ることも難しくない。

1999年、「パノラマカー」は特急の役目を「パノラマsuper」へと譲り、急行などで活躍。名鉄の急行は運賃のみで乗車できるので、7000系は引き続き高い人気を誇った。2009年に車体が老朽化したことによって引退。現在では中京《ちゅうきょう》競馬場内に設けられた「パノラマステーション」に保存されている。

「総合駅」金山駅の歩んだ道

名鉄名古屋駅から出発して最初に停車するのは**金山《かなやま》駅**。金山駅はJRと名古屋市営地下鉄が接続する。市内では名古屋駅に次ぐ規模のターミナル駅になっており、駅構内はいつも活気にあふれている。

現在、金山駅は南北自由通路や駅前広場などが整備されており、全体を合わせて〝総合駅〟としている。金山駅が総合駅化したのは1989年で、それまで名鉄は少し離れた場所に金山橋《かなやまばし》駅を構えていた。名鉄からJRへ、JRから名鉄へと乗り換えるためには駅間を歩かなければならず、雨天時は非常に不便だった。

国鉄が金山駅を開設するのは1962年と遅く、しかも最初は中央本線のみの停車駅だった。国鉄が金山駅を開設した5年後に市営地下鉄の金山駅が開業。栄《さかえ》駅―金山駅間が結ばれたことで、金山駅は名古屋駅に次ぐターミナルへと成長していく。

しかし、それでも東海道本線の駅は設けられなかった。そのためもあってか、長らく名古屋―豊橋間の都市間輸送は名鉄がリードしていた。

1989年に金山駅と金山橋駅が統合されて総合駅化が図られた。そして、ここでようやく東海道本線の駅も開業し、金山駅は名実ともに総合駅となった。

総合駅になった金山駅は、その後も駅前広場などが整備されていき、北口には複合商業施設が誕生。高層ビルが立ち並ぶオフィス街へと変貌している。

熱田神宮の最寄り駅・神宮前駅

金山駅に停車した特急は、その次の**神宮前《じんぐうまえ》駅**に停車する。神宮前駅は、その名のとおり、熱田《あつた》神宮への最寄り駅として利用されている。熱田神宮は名古屋でも屈指の神社仏閣で、正月になると押すな押すなの大混雑になる。それだけに鉄道各社はそれぞれに駅を設置。ＪＲは熱田駅、名古屋市営地下鉄は神宮西《じんぐうにし》駅を開設している。

熱田神宮へはこの3駅からアクセスするのが一般的だが、混雑を避ける目的や正門から参拝したいという希望から市営地下鉄名城《めいじょう》線の伝馬町《てんまちょう》駅を利用する人もいる。

伝馬町駅は地名が駅名の由来になっているが、熱田神宮に近いことが伝わらない。そうしたことから、名古屋市の河村《かわむら》たかし市長が熱田神宮を含む駅名に改称することを表明した。近年、外国人観光客が増加しているだけに、こうした名所旧跡を駅名に採用しようとする動きは増えている。

神宮前駅は名古屋本線から常滑線、空港線、**河和《こうわ》線**、**知多新線《ちたしんせん》**への列車が分岐する主要駅だ。そのため、特急も停車する。全国的には知られていないものの、名鉄利用者なら誰もが知る有名な駅である。しかし、知名度に反して、駅前はそれほどにぎわっておらず、正月以外に混雑は見られない。ＪＲや市営地下鉄と分散している効果が出ているのかもしれない。

特急が時速120㎞で疾走する区間

神宮前駅を通過すると停車駅は知立《ちりゅう》駅、新安城《しんあんじょう》駅、東岡崎《ひがしおかざき》駅、国府《こう》駅、豊橋駅と続く。知立駅はトヨタ自動車の本社に行くために乗り換える利用者が多い。

神宮前駅を出ると車窓は市街地から郊外の風景へと変わる。ここまでは停車駅も多くスピードを出せなかったが、神宮前駅からは直線が長くなり、電車もスピードを上げる。時速120㎞で運転できる区間はかぎられているが、豊橋駅－知立駅間は時速120㎞で走る距離や時間が長い。

ここで時速120㎞を体感してほしい――といっても体感で時速120㎞が実感できる人は少ないだろう。車窓が速く流れていればスピードを出していることは薄々感じられるだろうが、それでも細かな時速まではわからない。

「パノラマsuper」はニューステロップを流す車内の電光掲示板に現在のスピードを表示している。この電光板を見つつ、特急の時速120㎞を感じてほしい。

快速特急に乗って豊川稲荷へ

2005年に、名鉄に快速特急が登場した。特急より停車駅が少ない快速特急の運行が

展望車はないが、一部特別車を連結した2200系

開始されたことで、これまで一部停車駅だった新安城駅と国府駅が正式な特急停車駅に加わった。

新安城駅は安城市の市街地から外れた場所に立地しているが、**西尾《にしお》線**との乗換駅のために特急が停車する。名古屋本線から西尾線へと乗り入れる特急もある。

国府駅は**豊川《とよかわ》線**の乗換駅。沿線には有名な豊川稲荷《いなり》があり、正月は豊川線も参拝者でにぎわう。豊川線は単線で、昔は路面電車として運行されていた。現在も鉄道線の扱いではなく軌道線、つまり路面電車として扱われている。そうした路面電車の面影は**諏訪《すわ》町《ちょう》駅**のホームなどに残っている。

諏訪町駅から徒歩約10分のところには日本《にっぽん》

車輌《しゃりょう》製造の工場がある。ここには昔懐かしい東海道・山陽《さんよう》新幹線0系や「神宮前」という行き先表示をつけた名鉄の電車、上野動物園を走っていたモノレールが保存されている。なかに入ることはできないが、外から眺めても十分に楽しい博物館のような一画になっている。

そして終点の**豊川稲荷駅**。名鉄とJR豊川駅の駅舎は別々に建っているが、すぐ目と鼻の先にある。

豊橋駅はJRに間借り

名古屋本線の終点となる豊橋駅へと向かう。

中部国際空港が開港したことで、新名古屋駅は名鉄名古屋駅に、新岐阜駅は名鉄岐阜駅に改称した。しかし、豊橋駅は以前から豊橋駅で、その後も改称していない。なぜなら現在、名鉄が発着しているホームは名鉄の所有物ではなくJRから間借りしているからだ。

そうした事情を知ると、名鉄のホームのすぐ隣から、改札口などの区別もなくJR飯田《いいだ》線が発着していることも、名鉄のホームにJRの駅名標が立っていることも納得できる。

そして豊橋駅を間借りしていることからJRとのあいだに1時間に6本（上下で12本）

しか発着してはならないという協定が結ばれている。名鉄はメインルートの名古屋本線は稼ぎ頭だけに、もっと増発したいところだろう。とはいえ名鉄は3番線の1本しかホームがないので物理的に増発は厳しい。

名鉄の豊橋駅―伊奈《いな》駅間は上り線が名鉄の線路、下り線がJR飯田線の線路となっている。

なぜ、そんな複雑なしくみになっているのか。現在のJR飯田線は私鉄4社の線路が継ぎ足されるかたちで一本の路線になった。4社のうち豊川鉄道、鳳来寺《ほうらいじ》鉄道は、会社は名鉄に統合された。豊川鉄道は名鉄と私鉄同士で線路を共用していたが、伊那谷《いなだに》経由で国有鉄道の東海道本線と中央本線を結び、軍事的に重要とされた両社の路線は政府に戦時買収された。そのため、戦後は国鉄飯田線となり、JRと名鉄が線路を共用することになった。こうした経緯を経て、現在にいたる。

豊橋駅の複雑かつ奇妙な構造は、戦後70年以上が経過した現在も残る戦争遺産ということになる。

アミューズメント施設としても楽しめる中部国際空港

豊橋駅から再び特急に乗って名鉄名古屋駅方面へと引き返しながら、今度は中部国際空港駅を目指す。

名鉄名古屋駅方面から豊橋駅に行くとき、「パノラマsuper」は先頭車両が展望車になっているが、名鉄岐阜駅方面に行く電車は最後部車両になる。残念ながら運転士気分は味わえない。

神宮前駅から中部国際空港駅方面に向かうノンストップの「ミュースカイ」に乗り換えると、中部国際空港駅までは、あっというまに到着する。

中部国際空港にはいままでの主力だった「パノラマsuper」ではなく2005年に登場した新しい列車「ミュースカイ」が走る。

空港線には2種類の主力車両が走っている。

ひとつは従来の名鉄では使われなかった青と白を基調としたカラーリングが特徴の2000系「ミュースカイ」。2000系は空港利用者を想定して車内には大型の荷物置き場が設けられたほか、座席はリクライニングシートや間接照明といった快適な空間になっている。

もうひとつが赤と白を基調としたカラーリングの2200系。2200系は一部特別車はリクライニングシートの座席。特別料金不要の車両はロングシートがメインで、ほかに転換クロスシートが少し配置されている。

2200系は「ミュースカイ」のようにノンストップではなく、常滑線内でところどころの駅に停車する特急として運行されている。とはいえ停車駅は少ないので、名鉄名古屋駅から中部国際空港駅までは約40分程度である。

開港時も話題になったが、中部国際空港は飛行機の利用者だけではなく、総合アミューズメント施設という側面も持っている。わざわざ空港へ遊びにやってくる人もいるほど、グルメやショッピング、温泉といった施設が充実している。

名鉄岐阜駅へ

今度は豊橋駅とは反対側の名鉄岐阜駅方面に向かってみよう。

名鉄名古屋駅から15分ほどで名鉄一宮駅を過ぎる。そこから少し走ると、木曽川《きそがわ》の鉄橋が見えてくる。「ミュースカイ」には展望車がなく、「パノラマsuper」は展望車が後ろにある。この鉄橋を渡る様子を前面展望で眺めるなら名鉄岐阜駅から「パノラマsuper」に乗車するしか術《すべ》はない。

電車が鉄橋を渡ると、まもなく徐行を始めて名鉄岐阜駅に到着する。名鉄岐阜駅は名古屋本線のほかに**各務原線**《かかみがはら》も発着している。両線は同じ名鉄の路線にもかかわらず、線路はつながっていない。また、名鉄岐阜駅には連絡通路はあるものの、駅舎も改札口も別々に設置されている。これは名古屋本線と各務原線が別々の鉄道会社によって建設された経緯が関係している。統合して名鉄になったあとに新駅舎が建設されているにもかかわらず、それでも改札口や駅舎が別々になっている点は非常に興味深い。

以前は名鉄岐阜駅前から名鉄の路面電車に乗ることもできたが、2005年に廃止された。

名鉄がつくった観光地の玄関口・犬山駅

一大観光地帯の**犬山駅**方面にも**新鵜沼駅**《しんうぬま》行きの特急が運行されている。大都市が少なく通勤需要が少なかった名鉄は、それらをカバーすべく観光地を創出して沿線外から利用者を呼び込もうとした。

名鉄は犬山一帯にレジャー開発を進め、「博物館明治村《めいじむら》」「リトルワールド」「日本モンキーパーク」といったレジャー施設を次々と開園させた。

2008年に廃止されてしまったが、日本モンキーパークへのアクセスを担ったモンキーパークモノレール線は輸送機関であるとともに遊園地の遊具といった位置づけでもあった。

1962年に開業したモンキーパークモノレール線は国内初となる跨座式《こざしき》モノレール（レールが下にある方式）であったため名鉄の高い技術力を内外に示す宣伝媒体にもなっていた。名鉄も出資して1964年に開業する東京モノレールは、犬山で運転士教育を実施した。そこからも名鉄の技術力が見てとれる。

こうした名鉄が生み出したレジャー施設のほか、犬山エリアには鵜飼《うか》いの鑑賞ができる木曽川や国宝の犬山城がある。

知立駅から三河線にそのまま乗り入れる名鉄名古屋駅発の特急を走らせることができないかと地元政財界から要望が出た。三河線は単線ための行き違いができない。そうした事情から名鉄は特急の運行に慎重な姿勢を崩さないが、地元の豊田市は区画整理や土地の買収を先行して始めるなど行政からの厚い支援がある。

第10章 京阪電気鉄道

「テレビカー」は消えても「おもてなし」精神は消えない

データ

種別	形態	列車名	最長運行区間	距離	使用車両名
ライナー *1	○	ライナー	淀屋橋―出町柳	51.6km	エレガント・サルーン
快速特急	△	洛楽	淀屋橋―出町柳	51.6km	エレガント・サルーン *2、コンフォート・サルーン *1
特急		(なし)			エレガント・サルーン、コンフォート・サルーン ほか

*1：平日のみ。
*2：土休日のみ。

中之島線開業に合わせてデビューした「コンフォート・サルーン」3000系

路線図

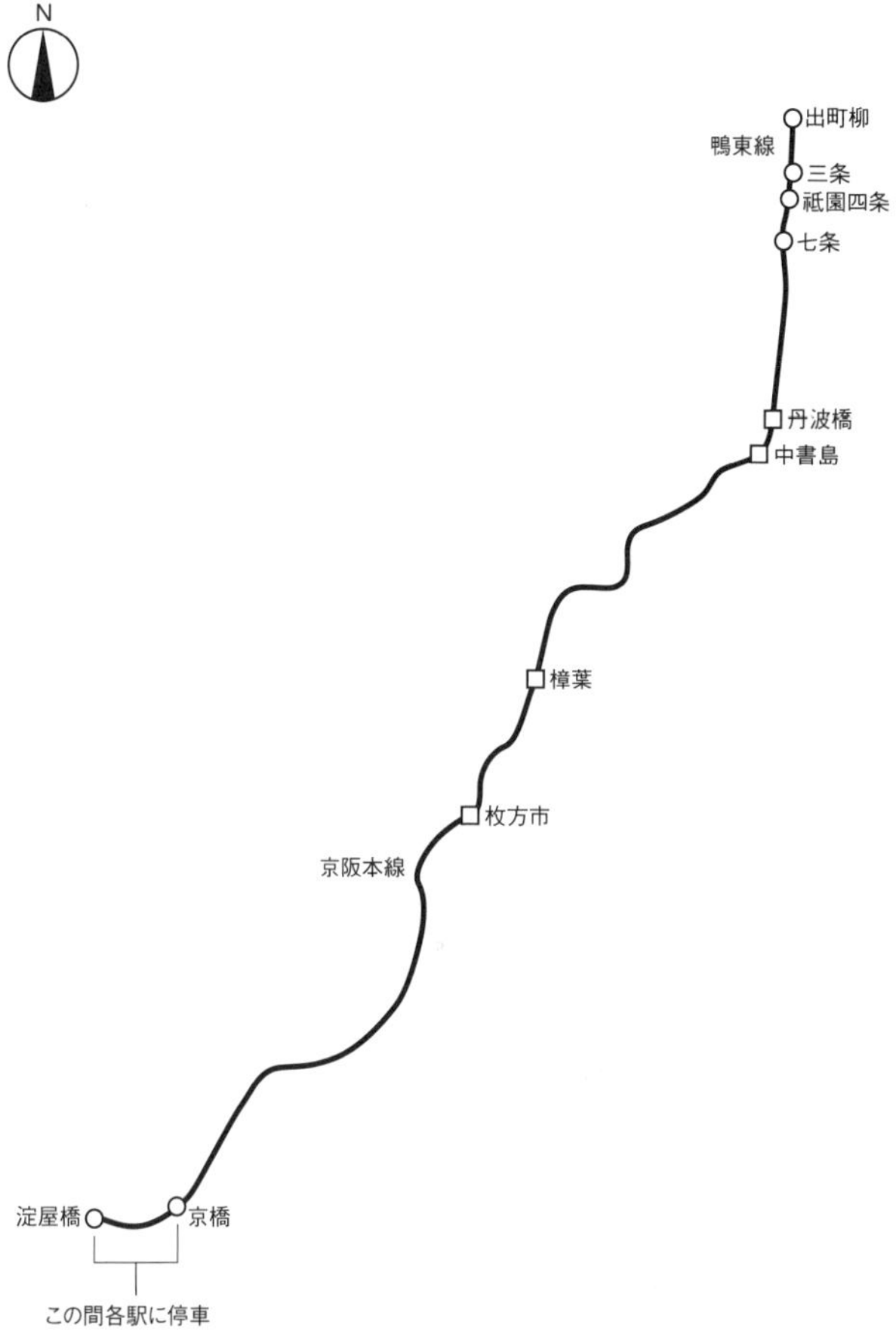

□：快速特急「洛楽」は通過
特急とライナーの停車駅は同一

JRに対抗して設立された京阪

京阪《けいはん》地域を流れる大河・淀川《よどがわ》は東岸と西岸を大きく分断している。東と西では街並みも文化も風習も生活感も大きく異なる。

そんな淀川の西岸には明治10年代から国有鉄道が列車を走らせていた。いうまでもなく現在のJR東海道本線だ。東海道本線が姿を現してから淀川西岸は都市化した。そうした状況から東岸にも鉄道を求める要望が強くなり、関西政財界は動き出す。

関西経済界の要望を受けて**京阪電気鉄道**が開業した。創立には関東の経済界を牽引《けんいん》した渋沢栄一《しぶさわえいいち》、中央政界で頭角を現していた和歌山出身の岡崎邦輔《おかざきくにすけ》なども名を連ねた。

関西に縁遠い渋沢にとって、京阪が建設されても得られる直接的な利益は少ない。それでも渋沢が京阪に出資していたのは、鉄道が持つ公共性や地域振興に果たす力、経済発展性を見抜いていたからだ。

資本主義の父とも称される渋沢にとって、見た目の利益は少なくても、資本主義の振興は長い視野で見れば大きなプラスになると判断したからだろう。

1910年に**天満橋《てんまばし》駅**—五条《ごじょう》駅（現・清水《きよみず》五条駅）間が開業する。現在、大阪の**淀屋橋《よどやばし》駅**と京都の**出町 柳《でまちやなぎ》駅**を結ぶ**京阪本線**などの原型は、この時点で早くもほぼ完成していた。

京阪の代名詞だった「テレビカー」

電車による急行の運転や、いまや小田急の代名詞にもなっている「**ロマンスカー**」という愛称も、じつは京阪が最初だった。京阪は日本初、関西初といった初ものが多い鉄道会社として鉄道ファンには知られる。

そうした京阪の斬新な取り組みのなかでも忘れるわけにはいかないのが「**テレビカー**」だろう。スマートフォンなどが普及したいまとなっては、テレビを電車内で視聴できることは、とくに驚くような話ではないが、当時は画期的なサービスだった。

京阪といえば「テレビカー」というぐらい人気が高かった電車だが、じつのところ「テレビカー」は京阪が最初に走らせたわけではなかった。京阪でテレビカーが登場したのは1954年8月だが、京成が同年春に登場させていた。

それでも京阪といえば「テレビカー」というイメージが定着しているのは、京阪が大々的にPRしていたこと、時代とともに他社ではテレビを設置している車両がなくなっていくなかで、京阪はかたくなに「テレビカー」の運行を続けていたことが挙げられる。

テレビカーは京阪特急の代名詞だったが、2013年に惜しまれつつサービスを終了した。

「テレビカー」に代わる新たなおもてなし戦略として、2017年に「プレミアムカー」を導入した。

運賃だけで乗車できる「ダブルデッカー」

京阪特急には「テレビカー」のほかにも、すごいサービスがある。

「テレビカー」として運行されていた初代3000系は1989年から段階的に8000系へと置き換えられた。

初代3000系はファンの人気が高かったこともあり、京阪は初代3000系を1編成だけ残した。そして、その1編成の1両を2階建て車両に改造する。その改造した2階建て車両が大人気となる。

首都圏でもJRがオール2階建て車両の215系や、2階建てのグリーン車を連結した電車を運行している。ラッシュ時でも混雑しないグリーン車は、のんびり移動したい利用者から好評を博しているが、競争の激しい関西では2階建て車両というだけではセールスポイントに欠ける。それだけでは特別料金を払ってもらえない。

京阪の2階建て車両は運賃のみで乗車することが可能。グリーン券のような特別料金は

「テレビカー」として活躍していたころの8000系（現「エレガント・サルーン」）の車内

必要ない。
初代3000系から京阪特急のバトンを受け取った8000系は、当初は2階建て車両を組み込んでいなかった。しかし、2階建て車両が評判になったことで、1997年から2階建て車両を組み込んでいった。
現在、2階建てのダブルデッカー車を組み込んだ8000系は登場時の車体カラーリングを変更。新しい塗色になった8000系は**「エレガント・サルーン」**と呼ばれる。「エレガント・サルーン」は運賃のみで乗車が可能。雅《みやび》な車内空間が保たれており、運賃のみで乗車できることに驚きを隠せない。
あらためて関西私鉄のすごさを思い知らされる車両でもある。

「プレミアムカー」に引き継がれる伝統

新たな京阪特急として走り始めた8000系「エレガント・サルーン」は8両編成のうち1両を「**プレミアムカー**」として組み込んでいる。基本的に運賃だけで乗車できる「エレガント・サルーン」だが、「プレミアムカー」に乗車する場合は運賃のほか、乗車距離により400〜500円の「プレミアムカー券」が必要になる。「プレミアムカー」への乗車はネットから予約できる。

「プレミアムカー」はほかの車両と外観が異なり、もちろん車内もくつろいで過ごせるよう快適な空間が保たれている。

ドアは2カ所から1カ所になり、車内スペースを拡大。座席も3列シートに改造されている。車内は乗客が快適に過ごせるようナノイーを発生させる空気清浄機を設置している。

「プレミアムカー」はハード面のパフォーマンスが高いだけではない。専属のアテンダントが乗務し、ひざかけの貸し出しサービスをするなど乗客への気配りも忘れない。

8000系だけに連結されていた「プレミアムカー」は利用者から人気が高く、2020年から2代目3000系「**コンフォート・サルーン**」にも組み込まれることが決まった。

京阪の新たな拠点・樟葉駅

特急が淀屋橋駅を出ると**北浜《きたはま》駅**、天満橋駅、**京橋《きょうばし》駅**に停車。各駅に停車するため、特急に乗っているという実感が湧かない。

しかし、京橋駅を出発すると**枚方市《ひらかたし》駅**まで停車しない。特急の面目躍如といった感じで次々と駅を通過していく。快速特急だと枚方市駅も通過する。

枚方市駅は交野《かたの》線との乗換駅。枚方市駅は1910年の京阪本線開業時に枚方東口《ひらかたひがしぐち》駅として開設された。当時は隣の枚方駅（現・枚方公園駅）が街の中心部に近かった。

開業時には交野線が開業していなかったが、1929年に信貴生駒《しぎいこま》電鉄（信貴電《しぎでん》）が現在の交野線を開業させる。信貴電は現在の近鉄生駒線も建設した鉄道会社でもあり、交野線は生駒線と接続させる計画だったようだが、実現しなかった。信貴電は交野線を京阪に譲渡したあと、経営難から1964年に近鉄に統合された。そのため、生駒線は近鉄の路線になった。

枚方市駅を出ると次は**樟葉《くずは》駅**。駅前は京阪百貨店を核としたショッピングモールが広がる。京都や大阪といった歴史ある都市のあいだにおいて樟葉駅前はニュータウン然としており、どことなく違和感もある。しかし、家族連れなどが多く歩いている駅前は活気にあふれていて、駅前の様子を眺めているだけでも楽しい。

京阪は淀川に沿うように線路が走っている。そうした理由もあってカーブが多い。そのため、スピードは出せない。淀川に沿うように線路が建設されたのは、京阪が軌道法によって建設されたことにも起因している。

軌道法で建設された京阪は、いわば路面電車のような扱いをされ、そして線路や車両も路面電車並みでつくられた。カーブが多く、直線が短くなった理由でもある。

高度経済成長期、輸送力の増強やスピードアップが求められ、京阪は線路改良工事を進めた。大幅に改善されているが、それでもカーブは残った。鉄道マニアたちは京阪の形態を親しみと皮肉を交えて「京阪電鉄カーブ式会社」と呼んでいたりする。

京阪と近鉄の争奪戦となった奈良電気鉄道と丹波橋駅

樟葉駅を出ると電車は草原地帯を走り抜ける。この一帯は京都競馬場があるので、車窓は農村地帯といった趣になる。京都競馬場を過ぎると宇治川《うじがわ》に沿うように走り、宇治《うじ》線との乗換駅である**中書島《ちゅうしょじま》駅**に到着。

次の停車駅は近鉄との乗換駅になる**丹波橋《たんばばし》駅**。

現在の近鉄京都線は1928年に奈良電気鉄道（奈良電）が桃山御陵前《ももやまごりょうまえ》駅－西大寺《さいだいじ》駅（現・大和《やまと》西大寺駅）間を開業させた路線だ。開業から約2週間後には桃山御陵前駅から京都駅まで線路を延伸。京都駅に接続することで奈良電の利便性は飛躍的に向上した。奈良電は大阪電気軌道（大軌《だいき》、現・近畿日本鉄道）と京阪に挟まれる小さな私鉄だった。そのため、両者と張り合うことはせず、良好な関係を築いていた。

そうした関係を築いていた京阪と奈良電だが、奈良電が経営不振に陥ると京阪との統合が検討される。しかし、京阪も事業再編中だったため実現しなかった。

そんななか、太平洋《たいへいよう》戦争が勃発。国家が統制を強めるべく陸上交通事業調整法が施行される。これにより京阪は阪急の前身である阪神《はんしん》急行電鉄と合併させられることになる。そして新たに京阪神《けいはんしん》急行電鉄（現・阪急電鉄）になった。こうしたゴタゴタがあったため、京阪と奈良電の合併話はご破算になってしまう。それでも良好な関係は続き、戦後に京阪神急行電鉄は奈良電への乗り入れをしている。

京阪本線の電車は丹波橋駅から奈良電の線路に乗り入れて京都駅へと走り、逆に奈良電の電車は京阪本線に乗り入れてターミナルだった**三条《さんじょう》駅**まで運行されることもあった。

しかし、奈良電は戦後も経営が安定せず、1963年に近鉄と合併して消滅。近鉄京都線になったあとも京阪との乗り入れは継続した。

ところが１９６８年に近鉄が架線電圧を６００Ｖから１５００Ｖへと昇圧することを決定。電圧が合わない京阪は乗り入れをすることが物理的に不可能になり、相互乗り入れは解消された。それと同時に駅舎も分離。京阪の丹波橋駅と近鉄丹波橋駅は隣接して乗換駅になっているが、現在も相互乗り入れはしていない。

京都市内へは地下で乗り入れ

丹波橋駅の次の停車駅は**七条《しちじょう》駅**。丹波橋駅までは地上駅だったが、七条駅からは地下をひたすら走る。電車は**祇園四条《ぎおんしじょう》駅**、三条駅と走る。祇園四条駅は鴨川《かもがわ》の東岸にあり、川を挟んだ西岸側には阪急の京都河原町《かわらまち》駅がある。

祇園四条駅は２００８年に四条駅から改称。この改称には祇園を冠することで京都の繁華街である祇園に近いことをアピールする狙いが含まれている。

現在は七条駅から地下にもぐる京阪だが、かつては鴨川の築堤を走っており、築堤の上を走る電車は京都らしい光景として親しまれていた。京阪としては地下化したいという要望を出していたようだが、京都の歴史的景観でもある鴨川の下を走ることはけしからんとの理由から許可が下りなかったという。

しかし、三条駅から北へと京阪が路線を延伸させる目的で1987年に地下線を建設。鴨川の築堤を走る京阪は過去に水害で線路が流出するなど大被害を出している。地下線への切り替えは水害による鉄道被災対策といった意味合いもあった。

1989年には三条駅－出町柳駅間が開業。三条駅までが京阪本線、三条駅－出町柳駅間は**鴨東線**《おうとう》と路線名は異なるが、鴨東線開業から現在まで、ほぼ一体化して運行されている。

祇園四条駅を出ると次は京阪が京都側のターミナルにしている三条駅。京阪の駅はただの「三条」だが、京都市営地下鉄東西線《とうざい》は三条京阪駅と京阪がついている。本来は逆のような気もする。

鴨東線が開業したことで京阪のターミナル駅は中間駅になってしまった。また、地下線を走っているので電車からは京都の街並みを眺めることはできない。しかし、駅から一歩外に出れば一帯は観光客などでつねにごった返している。途中駅になってしまったが、三条駅が京阪の拠点であることを実感させてくれるだろう。

新ターミナルとして期待された中之島線の今後

2008年に京阪は大阪の中心部に乗り入れる中之島《なかのしま》線を開業した。中之島線は天満橋駅から分岐して、なにわ橋《ばし》駅、大江橋《おおえばし》駅、渡辺橋《わたなべばし》駅、中之島駅と走る3・0㎞の短い路線だ。

現在は普通列車だけの運行だが、最も速い快速急行も中之島線内はすべての駅に停車していた。このあたりは淀屋橋駅－京橋駅の全駅に停車する京阪本線と同じだ。

京阪が長らくターミナルにしてきた淀屋橋駅に代わる新ターミナルとして中之島駅は期待された。開業当初はこれまでの京阪の常識を打ち破ったブルーの車体、快適な肌触りを重視したクロスシートを持つ新型車両3000系「コンフォート・サルーン」を登場させた。それほど京阪の意気込みはすさまじかった。また、京阪本線で特急に次ぐスピードを誇る快速急行の本数も多かった。

しかし、利用客数は思うように伸びず、苦戦が続いている。中之島線と京阪本線はそれほど離れていないため、わざわざ中之島線側まで行って電車に乗る必要がなく、いままでどおり淀屋橋駅から乗車する人が多いのだ。

中之島線の不振を打開するため、京阪は臨海部への玄関口である西九条《にしくじょう》駅もしくは九条《くじょう》駅方面への延伸を検討している。

さらに、そこから先の夢洲《ゆめしま》への延長も視野に入れている。

夢洲は2025年に開催される大阪万博の会場予定地であり、そうした計画を京阪が描いていたことから、中之島線が万博輸送を担うと目されていた。しかし、京阪は中之島駅からの延伸は万博終了後の2025年以降に進めるとしている。これでは万博輸送を担えない。

万博閉幕後に会場地の夢洲はIR（統合型リゾート）への転換を予定している。現段階ではIRは誘致するまでの話であり、実現するかどうかは決まっていない。そのため、京阪も夢洲方面への延伸構想を発表しているが、明確な計画については言葉を濁す。延伸をするか否かは万博とIRのなりゆきにかかっている。

第11章 阪急電鉄

創業者・小林一三の精神を受け継ぐ乗客サービス

データ

種別	形態	列車名	最長運行区間	距離	使用車両名
快速特急A *1	×	京とれいん	大阪梅田ー河原町	47.7km	京とれいん
快速特急 *1		京とれいん雅楽			京とれいん雅洛
特急 *2		日生エクスプレス	大阪梅田ー(日生中央) *3	28.0km	一般車両全般
特急、通勤特急 *2		(なし)	大阪梅田ー京都河原町	47.7km	
			大阪梅田ー新開地	35.1km	
通勤特急 *2			大阪梅田←川西能勢口	17.2km	
S特急 *2			神戸三宮←(東二見) *4	65.3km	山陽:一般車両全般

*1：土休日のみ。
*2：平日のみ。
*3：能勢電鉄に直通。
*4：阪神、山陽電鉄に直通。

9本の線路が並ぶ姿が壮観な阪急の大阪梅田駅(写真は梅田駅時代)

路線図

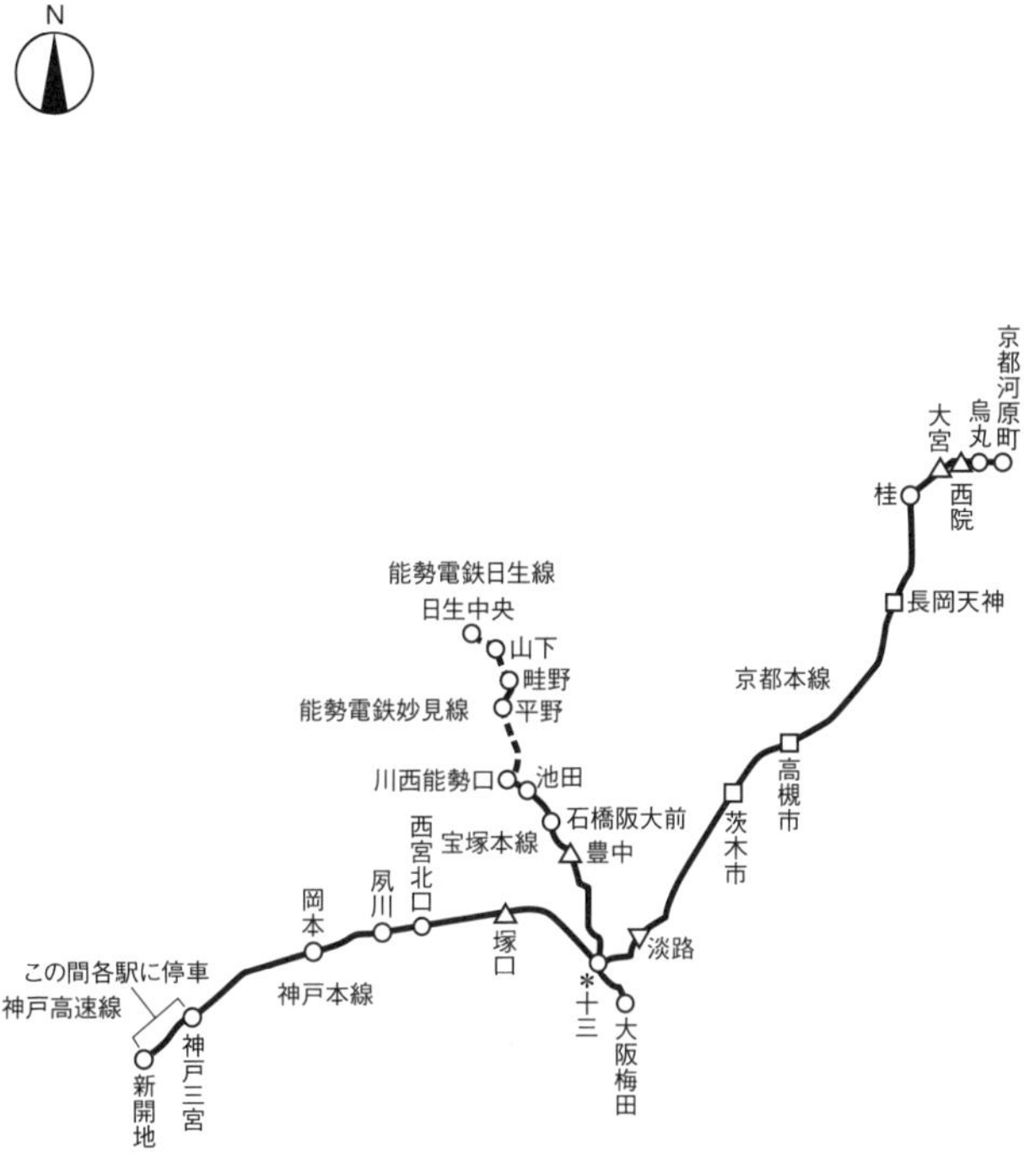

▽：通勤特急は通過
△：通勤特急のみ停車
□：快速特急A、快速特急は通過
＊：快速特急Aは通過

私鉄運営の基礎を築いた小林一三

私鉄がここまで大規模に発展している国は日本をおいてほかにない。鉄道会社が旅客輸送や貨物輸送という鉄道事業だけではなく不動産事業、百貨店経営、ホテルやレジャー施設の運営、小売業など幅広く手がけているのも日本特有といえる。

現在では当たり前になっている私鉄のビジネスモデルを編み出したのは**阪急電鉄**《はんきゅう》の総帥・小林一三《こばやしいちぞう》だった。

阪急の前身となる箕面有馬電気軌道《みのおありま》（箕有電車《きゆう》）は1910年に梅田駅《うめだ》（現・**大阪梅田駅**）－宝塚駅《たからづか》間と石橋駅《いしばし》（現・**石橋阪大前駅**《はんだいまえ》）から分岐して箕面公園駅《みのお》（現・箕面駅）までの支線を開業させた。

現在、大阪梅田駅はいうまでもなく大阪屈指の巨大ターミナルに発展している。一方、逆側の終点になっている宝塚駅は宝塚歌劇団などの劇場が立地して多くのファンが訪れる。また、箕面駅も鉄道の開業を機に宅地化が進み、閑静な住宅街に変貌した。

箕有電車が開業した当初、沿線は農村然としており、電車に「誰も乗らない」という前評判だった。沿線住民は〝みみず電車〟と揶揄《やゆ》し、箕有電車の先行きは決して明るいとはいえなかった。

農村をのどかに走る沿線を小林は独創的なアイデアで次々に活性化させていった。開業前、小林は沿線をつぶさに歩いて視察。そして郊外に家を構え、電車に乗って都心に通勤するというライフスタイルに着目する。そのために沿線に広がっていた農地に着目。使われていなかった農地を購入し、そこに住宅を建てて分譲した。

売り出された住宅地は郊外のために価格が安価だった。そのうえサラリーマンでも購入ができるよう小林は月賦で販売した。そのため、サラリーマンが沿線の住宅を購入。瞬く間に箕有電車の沿線人口は増加。比例して電車の利用者も増えていく。

こうして朝は通勤のサラリーマンで梅田駅方面の電車は満員。夕方も帰宅するサラリーマンで宝塚駅方面の電車が満員になった。

しかし、それだけでは鉄道会社は順調に売り上げを伸ばせない。梅田駅へと走った電車は駅到着後に逆方向へと走る。その電車がガラ空きのままでは非効率的だ。帰宅ラッシュ時も同様に梅田駅を発車する電車が満員でも、梅田駅へと向かう電車がガラ空きでは意味がない。

そこで小林は都心部の梅田駅方面とは逆方向の箕面駅に動物園を開園する。通勤の流れとは逆の方向に集客力のある施設をつくることで効率よく鉄道事業で稼げるようなしくみをつくろうとした。

宝塚駅には遊園地も誘致。週末などに家族連れで来園できる遊園地を目指した。当時、流行《はや》っていたプールを造成するなど目新しい遊園地はたちまち評判になる。しかし、オープン当初こそ、ものめずらしさもあって多くの入園者を集めたものの、プールは時代に合わず、すぐに人気は陰ってしまう。

閑古鳥が鳴く水の入ってないプールを前にして、小林は施設改修をせずにプールの再活用策を模索する。そこで出てきたのがプールを客席に見立てて歌劇を上演するというアイデアだった。

こうして1913年に宝塚唱歌隊（現・宝塚歌劇団）による演劇が初上演された。空のプールはそのまま劇場の客席として使用された。この唱歌隊が大好評を博し、歌劇目的の来園者が増えていった。初上演から6年後には早くも宝塚音楽歌劇学校（現・宝塚音楽学校）が開校する。

駅をたんなる乗り場からターミナルに進化させた

都心部の梅田駅に向かう人の流れとは別方向に動物園や遊園地といった集客施設をつく

改装で姿を消したが、小林一三のセンスが光る梅田駅（当時）の豪華な内装

ることで、小林は新たな流れを生み出した。

他方、小林は梅田駅方面への流れに対してもビジネスチャンスを見いだしている。梅田駅の通勤風景を見て、小林は電車から降りた人たちはタバコのひとつでも買うだろうとひらめく。ちょっとした買い物のためにわざわざ駅から外に出るのも億劫《おっくう》だから、ここに店を構えれば、みんなが利用するに違いないと確信。

それまでは電車の乗降場としか考えられていなかった駅が、たちまち通行量の多い一等地へと様変わりした。

小林が百貨店経営に乗り出した当初、「素人が手を出しても失敗するだけ」という批判的な声が多かった。小林はそうした声にも耳を傾け、用意周到に下準備を重ねた。まず、三越《みつこし》百貨店の支配人を務めていた日比翁助《ひびおうすけ》に従業員教育を依頼。日比は「今日は三越 明日は帝劇《ていげき》（帝国劇場）」という歴史に残る名キャッチコピーを考案した人物で、百貨店経営では右に出る者はいなかった。

従業員を教育するあいだ、小林は白木屋《しらきや》（現・東急百貨店）に店を貸し、実際に駅でものが売れるのか、そしてどんなものが売れやすいのかといったモニター調査を実施。万全の態勢を整えてから、1929年に梅田駅併設の阪急百貨店をオープンさせた。

小林の経営手法は私鉄事業者の模範になる。その名声は関西財界の枠を超え、東京にまで届くようになった。そして小林の手法はほかの私鉄でも模倣されていく。小林も自分の手法を出し惜しみすることなく同業他社でも喜んで協力した。

阪急のように私鉄はターミナル駅に百貨店を併設している私鉄は多い。名鉄も京阪も百貨店経営への進出に際して小林から手ほどきを受けている。また、東急の総帥として知られる五島慶太は私鉄経営のノウハウは小林から学んだと公言するほどだった。

ズラリと並ぶ発着線に驚かされる大阪梅田駅

大阪梅田駅は改札を抜けてホームへ進むと海外の駅のように発着線がズラリと並ぶ。そこからは**京都本線**、**宝塚本線**、**神戸本線**の電車が次から次へと出発していく。

規模だけを比較すれば大阪梅田駅より大きなターミナル駅はいくらでもある。たとえばJR新宿駅は16番線まである。しかし、個々にホームから全体を見渡せる構造にはなっていない。大阪梅田駅は10面9線と新宿駅より規模はひと回り小さいが、頭端式《とうたんしき》という構造のために全体を見渡すことができ、息を飲むほどに美しい光景が広がる、そのスケールの大きさにも圧倒される。

大阪梅田駅は2012年にリニューアルしたので、駅構内や隣接するターミナル百貨店は新しい雰囲気を放っている。それまでの梅田駅コンコースは橿原《かしはら》神宮や平安《へいあん》神宮などを設計した伊東忠太《いとうちゅうた》がデザインしたものだった。ドーム型の屋根やシャンデリアが特徴的で、改修時に阪急百貨店うめだ本店のレストランへと移設された。

伊東が設計したドーム型屋根とシャンデリアのほかにも、梅田駅には豪華絢爛《けんらん》なステンドグラスの窓が配された空間があった。アーチ形の柱は西洋の教会を彷彿させた。それだけに改修によって失われてしまうことを惜しむ声は絶えなかった。

伝統を重んじる阪急のマルーン

阪急の電車はチョコレート色をしている。これは普通列車でも特急でも変わらない。また、神戸本線、宝塚本線、京都本線でも同じだ。このチョコレート色はマルーンと呼ばれる阪急電車の伝統色とされている。

1988年と2003年の新型車両の導入時に阪急は新車両の導入を検討した。阪急は新車両の導入を機にそれまでのイメージを刷新することも検討。伝統だったマルーン色から新しいカラーリングへと車体の塗色を変更することを視野に入れていた。しかし、その阪急の判断に沿線住民や利用者は待ったをかける。マルーンの電車は阪急のアイデンティティであり、沿線住民や利用者のシンボルカラーにもなっている。沿線住民の熱意は阪急経営陣を翻意させ、マルーンは継続した。

また、車体カラーのマルーンだけを守り続けているのではなく、内装も木目調の化粧板やゴールデンオリーブ色のシートモケットを阪急の伝統として守り続けている。

そして阪急の名車両として知られるのが2000系、2100系、2300系の3系列だ。これらの車両はそれぞれ神戸本線、宝塚本線、京都本線で運行されていた。車番は細かく異なっているが、基本的に同じタイプの車両といえた。

この三つの車両は定速運転機能を持ち、２３００系はこの制御装置に数百個のトランジスタを使用した。そのため、鉄道ファンから「人工頭脳電車」「オートカー」と呼ばれた。現在、「オートカー」は阪急では走っていない。多くは引退して系列の**能勢《のせ》電鉄**に譲渡され、２０００系だけが１７００系に改番して現役で活躍している。

電車の名所、淀川と十三

特急は大阪梅田駅を出発すると**十三駅《じゅうそう》**に停車する。大阪梅田駅から十三駅に向かうとき、電車は淀川を渡る。神戸本線、宝塚本線、京都本線が並んで淀川の鉄橋を渡るので、車内から見ると電車が競走しているようにも見える。西梅田《にしうめだ》にそびえる梅田スカイビル空中庭園展望台から阪急電車が淀川鉄橋を走る光景を遠望できる。

十三駅から大阪梅田駅へと発着する電車は神戸本線と宝塚本線が上り、京都本線は下りになる。大阪梅田駅に向かって並走する電車なのに上りと下りが異なるのはめずらしい。

西宮北口駅の名所「ダイヤモンドクロス」

神戸本線の特急の十三駅の次の停車駅は**西宮北口《にしのみやきたぐち》駅**。西宮にはＪＲと阪神の駅があり、

西宮北口駅近くに残る「ダイヤモンドクロス」のオブジェ

阪急が最も北にある。そのため、駅名に北口とついている。それが妙な印象を与えるものの、これは開業当時の駅所在地が西宮市ではなく武庫《むこ》郡瓦木《かわらぎ》村だったことに由来するといわれる。

西宮北口駅は鉄道ファンにとって記憶に残る駅でもある。西宮北口駅は神戸本線と今津《いまづ》線が交差している。かつての神戸本線と今津線は線路が平面交差していた。

開業当初、阪急は路面電車と同じ軌道法で建設された。そのため、神戸本線と今津線が平面交差することを問題視されることはなかった。そうした状況がダイヤモンドクロスというめずらしい状態を生む。鉄道の平面交差はめずらしく、当時は鉄道ファンがよく訪れてきたという。

しかし、ダイヤモンドクロスは安全運転上の問題が大きいうえ、電車が電車を待つという状況が発生する。運転本数が少ない時代だったらダイヤモンドクロスは問題にはならなかっただろうが、運転本数が増えてくると支障も出てくる。阪急は輸送力増強と安全対策を目的として1984年にダイヤモンドクロスを解消した。

ダイヤモンドクロスは鉄道雑誌などの語り草になっているが、西宮北口駅近くの高松《たかまつ》ひなた緑地にダイヤモンドクロスの遺構が保存されている。傍らには解説板も設置され、ダイヤモンドクロスの記憶を将来へとつなげている。

高級住宅街が立ち並ぶ阪神間を走る神戸本線

西宮北口駅から特急に乗車すると隣の**夙川駅**《しゅくがわ》にも停車する。夙川駅は甲陽《こうよう》線の乗換駅で、2006年から特急、通勤特急が停車するようになった。これは並走するJRが2007年に、さくら夙川駅を新規開業させた影響によるものだ。阪急はJRの対抗策として特急、通勤特急を夙川駅に停車させることにした。そのため、10両編成の電車が停車できるようホームの延長工事を実施している。

夙川駅を通過すると次は**岡本駅**《おかもと》に停車。阪急沿線はわりと高級住宅街が連なっているが、その阪急沿線でも岡本駅－御影《みかげ》駅間は代表的な高級住宅街として風格のある街並みが続いている。

特急は六甲山《ろっこうさん》を見ながら**神戸三宮駅**《さんのみや》に到着する。

箕有電車として発足した小さな私鉄が小林一三の卓抜した手腕によって大きく飛躍した。そして箕有電車は1918年に阪神急行電鉄と社名を改称する。

箕有電車は軌道法が適用される路面電車だった。それゆえに社名に軌道が入っているわけだが、阪神急行電鉄への改称は電気鉄道の略である電鉄を正式名称として届け出た。

軌道法適用の鉄道会社が電鉄を名乗ることはまぎらわしい。そうした理由から所管の鉄道省は難色を示した。小林は鉄道省を押し切って改称している。

箕有電車から阪急へと改称したいちばんの狙いは神戸に進出することだった。大正期に大阪は東洋のマンチェスターと呼ばれるほどの工業化を果たし、国内屈指の経済発展を遂げた。このころ、大阪市は「大大阪《だいおおさか》」と呼ばれる。その背景には、大阪が経済発展を遂げて存在感を大きくしていたことや、実際に大阪市域が拡張していたことなどがある。そうした大きくなる大阪に対して、開港場として異国の文化が大量に流入した神戸も、大阪とは違ったかたちで発展していた。

神戸の発展ぶりに着目した小林は神戸に線路を建設することを考えた。阪神急行電鉄への改称は、いわば神戸への進出を宣言する意図が含まれていた。

阪神急行電鉄へと社名を変更した直後から利用者たちは阪急電鉄もしくは阪急と略称で呼ぶようになる。

阪急への改称から2年後の1920年に阪急は十三駅—神戸駅間を開業。当時の神戸駅は現在とは別の場所にあった。同駅はのちに西灘《にしなだ》駅（現・王子《おうじ》公園駅）から分岐する上筒《かみつつ》井《い》線の上筒井駅となったが、同線は1940年に廃止された。上筒井線の線路は引き込み線として使用されたが、その後に引き込み線も廃止され、上筒井線の痕跡は残っていない。

現在、阪急が神戸側のターミナルとしているのは神戸三宮駅で、ここは神戸の中心にあたる。本来、阪急はここまで一気に開業させる予定にしていたが、阪急の進出にはさまざまな抵抗があった。

大阪—神戸間を先に開業させていた阪神もそのうちのひとつだが、灘《なだ》や芦屋《あしや》に邸宅を構える富裕層たちも電車が走ることを迷惑がっていた。

そして、それ以上に阪急の進出を警戒していたのが神戸市だった。神戸市は阪急の市内中心部への乗り入れを拒み、そのために市中心部から外れた場所に神戸駅を開設させた。業を煮やした阪急は神戸市ではなく兵庫県と交渉を開始。兵庫県から三宮駅（現・神戸三宮駅）まで高架線を建設することの許可を得た。

しかし、それで神戸市が納得するはずはなく、兵庫県、神戸市、阪急の3者による乗り入れ協議は泥仕合の様相を呈した。それでも兵庫県を味方につけた阪急が認可を勝ち取り、1936年に阪急は三宮駅までの延伸を果たした。

阪急の神戸本線は線路がほぼ一直線に建設された。そのため所要時間が短く、梅田駅－三宮駅間を25分で走破。阪急の神戸進出は阪神間の利便性向上に寄与した。一方、並走する国有鉄道の東海道本線や阪神にとっては脅威的な存在になった。

京都本線の特急車両と「京とれいん」

今度は大阪梅田駅から**京都河原町駅**までを結ぶ京都本線の特急に乗車。京都本線は京阪の子会社である新京阪《しんけいはん》鉄道が建設した。戦時体制の強化のため阪急と京阪は統合させられ、京阪神急行電鉄となった。戦後に京阪を分離するが、十三駅で阪急の神戸本線、宝塚本線と接続していることを理由に新京阪線は阪急側に残される。

阪急の路線になったばかりのころの京都本線は電圧の違いからノロノロ運転が続いたという。現在、京都本線の特急は最高時速115㎞。かなり速いスピードで走っている。

京都本線は阪急で唯一、特急用車両を運行している。2ドアでクロスシートの2800系が1964年に、6300系が1975年に登場した。6300系は、これまでマルーン一色だった阪急で初めて屋根にクリーム色をワンポイントのアクセントとして採用した。

運行開始当初、特急は十三駅—**大宮**《おおみや》**駅**間をノンストップで運転したが、停車駅はしだいに増加。乗降に時間のかかる2ドア車は遅延の原因とされたために、2003年からは3ドア、クロスシートの9300系が中心になって運用されている。3ドアになっても阪急電車特有の上品な雰囲気を維持するために細かな工夫《くふう》が凝らされている。それが看板車両としての魅力を保っている。

近年、阪急は魅力ある特急型車両の必要性を感じたのか、2011年に観光列車「**京**《きょう》**とれいん**」の運行を開始。6300系を改造した車両で運行されており、乗車したときから京都気分を楽しめるように内装は京町家《きょうまちや》風の空間で、畳調のボックスシートが配置された。停車駅は十三駅、**淡路**《あわじ》**駅**、**桂**《かつら》**駅**、**烏丸**《からすま》**駅**と絞られており、観光特急としても十分に通用する。

「京とれいん」が好評だったことを受け、2018年には3ドアの7000系を改造した「**京とれいん 雅洛《がらく》**」も登場した。

2019年に十三駅の京都本線ホームにホームドアが設置された。そのため、「京とれいん」はドアの位置が合わないことを理由に十三駅を通過することになった。「京とれいん」は快速特急Aとして運行、十三駅に停車する「京とれいん 雅洛」はこれまでと変わらずに快速特急として運行されている。

祇園祭の山鉾巡行を中止させた京都本線

特急は嵐山《あらしやま》線と分岐する桂駅に到着。嵐山線は複線だったが、戦時中の金属供出で単線化された。その後、レールは戻ることなく、現在にいたっている。線路用地は複線分が確保されているから、物理的には複線に戻すことはできなくもない。それでも嵐山線はずっと単線のままになっている。開業時は6面5線だった嵐山駅のホームも3面2線へと規模を縮小した。

次の停車駅は烏丸駅。大宮駅から京都河原町駅までは地下を走る。京都河原町駅周辺は阪急百貨店などが立ち並ぶ阪急が京都のターミナルとしている地域で、京都を代表する繁華街でもある。

大宮駅は1931年に京阪京都駅として開業したが、そこから2㎞しか離れていない河原町駅（現・京都河原町駅）まで延伸開業したのは1963年。30年以上もの歳月を要している。これは四条通《しじょうどおり》の地下を掘削するために調整が難航したことが原因だった。

京都の中心的な繁華街だった京都河原町駅一帯では祇園祭《ぎおんまつり》の山鉾《やまほこ》巡行が実施されるが、地下線を掘削するために1962年の巡行は中止された。そこまでして、ようやく地下線は実現。伝統を重んじる京都人にとって山鉾巡行を中止したことは思い切った決断だった。

第12章

阪神電気鉄道

特急にもタイガースの旗が

データ

種別	形態	列車名	最長運行区間	距離	使用車両名
直通特急	×	(なし)	大阪梅田ー(山陽姫路) *1	91.8km	急行系車両全般
特急			大阪梅田ー(須磨浦公園) *1	42.2km	
区間特急 *2			大阪梅田←御影	25.1km	
S特急 *2			神戸三宮ー(山陽姫路)	60.6km	山陽:一般車両全般

*1：山陽電鉄に直通。
*2：平日のみ。

阪神電鉄の看板列車である直通特急として走る1000系

路線図

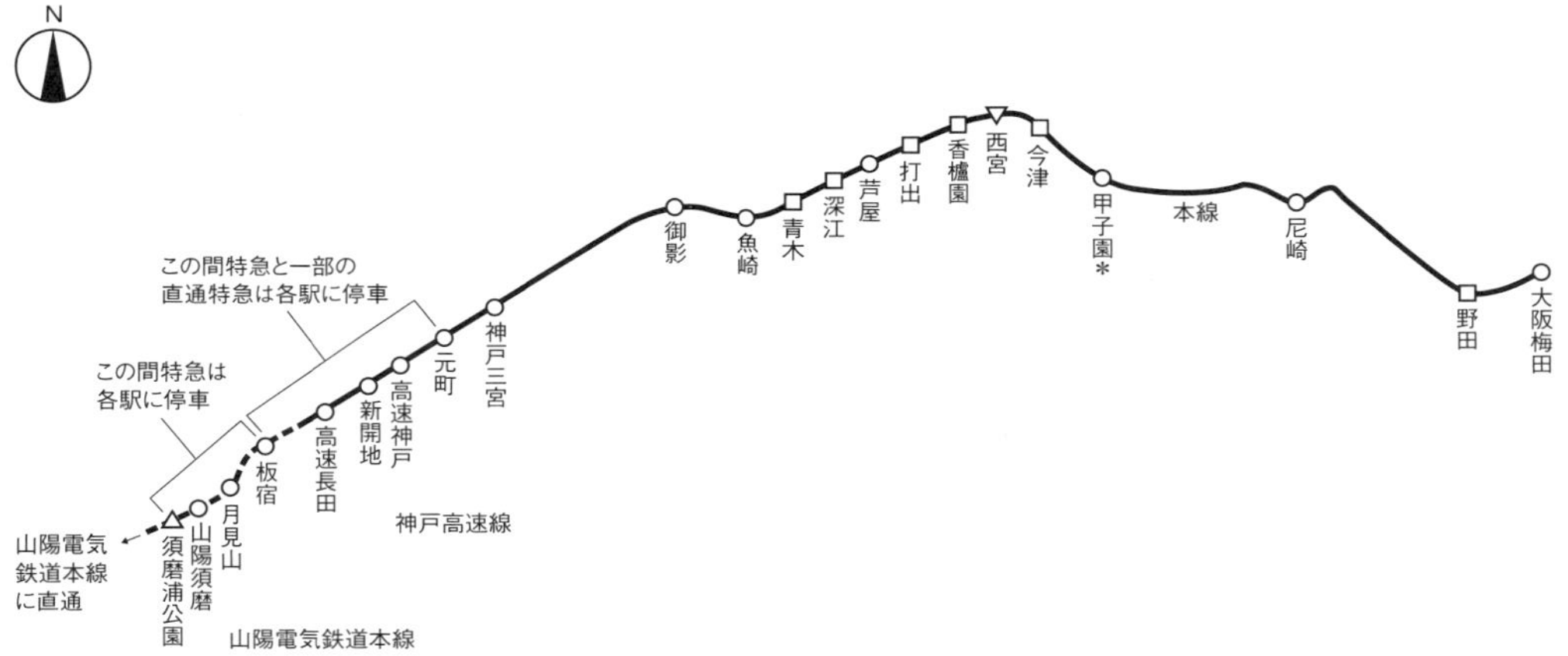

＊：直通特急は平日朝ラッシュ時上りのみ通過
△：直通特急は通過
□：区間特急のみ停車
▽：区間特急は通過
山陽電気鉄道のS特急の情報は省略

知名度は抜群の阪神

大手私鉄16社のなかで鉄道ファンや沿線住民だけではなく、広く一般に知られている鉄道会社といえば**阪神《はんしん》電気鉄道**が断トツといえるだろう。電車には乗った経験がなくても阪神タイガースは広く知られている。

阪神が所有するプロ野球チーム・阪神タイガースは読売《よみうり》ジャイアンツとともにプロ野球の両雄と目されてきた。阪神・巨人戦は伝統の一戦などとも形容される。

阪神の歴史は1893年に神戸の実業家たちのあいだで鉄道路線の建設計画が持ち上がったことから始まる。このころ、すでに国有鉄道が大阪駅－神戸駅間を開業させていた。大阪－神戸を並走すれば当然ながら国有鉄道の利用者は減る。そうした懸念から政府は阪神の開業を認めないだろう。阪神の開業を進めていた実業家たちは、まず軌道線、つまり路面電車として申請を出した。

軌道法は路面電車として扱われるため、原則的に道路の上に線路を敷設する。道路上に線路が敷設されている区間は併用軌道と呼ばれる。一方、鉄道だけが走行できる線路は専用軌道と呼ばれる。

大阪駅－神戸駅間を走る国有鉄道は汽車であり、その役割は都市と都市の移動。もちろん専用軌道で整備されていた。

一方、路面電車は地域内の移動を役割としている。市内という狭い範囲なので競合関係にはならない。神戸の実業家たちは巧みに阪神の開業許可を得た。

路面電車として認可されたため、阪神は原則的に併用軌道でなければならなかった。併用軌道は自動車と走行空間を共有するために高速運転ができない。それでは大阪―神戸間で競合する国有鉄道に所要時間で太刀打ちできない。

そうした不利を克服するために、阪神の経営陣たちは軌道法の「道路に敷設する」という条文を拡大解釈。一部の区間だけを併用軌道にして、残りは専用軌道で敷設した。

政府は阪神の行動を問題視したが、内務省の古市公威《ふるいちこうい》は「将来、電気鉄道は必ず国民の役に立つ」として不問にした。

甲子園とともに成長した阪神

1905年に阪神は神戸駅―出入橋《でいりばし》駅間を開業させた。翌年には大阪側が延伸して梅田駅（現・**大阪梅田駅**）がターミナルになる。出入橋駅は現在の福島《ふくしま》駅―大阪梅田駅間にあったが、戦後に梅田駅に統合されるかたちで廃止された。神戸駅も三宮駅（現在の**神戸**

三宮駅とは異なる）に改称されたあと、廃止されている。

阪神は12分間隔で電車を運行。「待たずに乗れる阪神電車」をキャッチフレーズにして多くの乗客を集めた。

そのほかにも阪神は積極的に利用者を集める工夫《くふう》を凝らしている。１９０５年に**打出駅**《うちで》の近くに海水浴場をオープン。１９０７年には経営参画した香櫨園《こうろえん》遊園地がオープン。香櫨園遊園地はウォーターシュートなどが人気を呼び、阪神利用者を爆発的に増加させる役割を果たした。

阪神がとった誘客策できわめつきだったのは１９１７年から鳴尾《なるお》球場で開催された全国中等学校優勝野球大会（現・全国高等学校野球選手権大会）だろう。〝夏の甲子園〟で全国に知られる大会はもともと箕有電車の小林一三が沿線需要を生み出すために発案した。

第1回と第2回の大会は箕有電車の沿線にある大阪府豊中《とよなか》市の豊中グラウンドで開催。大会はすぐに人気になり、小さな球場では観客を収容し切れなくなる。また、開催日程をできるだけ短縮すべく複数の球場で試合を実施することが検討された。

交通の便がよく、規模が大きく、それでいてグラウンドが2面ある鳴尾球場へと舞台は移される。１９24年に阪神が新たな球場として甲子園《こうしえん》大運動場（現・阪神甲子園球場）

を建設。そこから現在にいたる。いまや甲子園大会は夏の風物詩となった。

甲子園駅は阪神にとって重要な駅になった。高校野球だけではなく阪神タイガースの試合でも多くの利用者を集める。阪神電車に乗って阪神タイガースを応援に行く。短い路線ながらも阪神電車には熱烈なファンが毎日のように乗っている。

こうした沿線活性化の取り組みによって阪神は順調に業績を伸ばした。そして１９３６年に神戸側を西へと延伸させて**元町駅**《もとまち》まで開業。現在の**本線**の原型が完成した。

ライバル・阪急に刺激されたスピードへの挑戦

阪神は乗客を増やすために沿線活性化に取り組んだが、鉄道そのものにも工夫《くふう》を凝らしている。高頻度運転や所要時間の短縮、サービスの充実を図り、国有鉄道との競争を勝ち抜こうとした。こうした努力が実って、阪神の評判はうなぎのぼりとなり、もはや大阪－神戸間で並走する国有鉄道は敵ではなかった。

順調に業績を伸ばす阪神に対して大きな敵が現れる。箕面有馬電気軌道から社名を改称してまで乗り込んできた阪神急行電鉄だ。１９２０年に阪急が梅田駅（現・大阪梅田駅）－神戸駅（のちの上筒井駅）間を開業。これで阪神間には3者が鉄道を走らせることになり、乗客獲得合戦は激化した。

それまで阪神の後塵《こうじん》を拝していた国有鉄道も巻き返しを図る。1934年に東海道本線を電化。これによって大阪駅－三ノ宮駅間を24分で走破する急行（現・新快速）の運行が始まった。カーブが多く、スピードの向上に限界があった阪神は平均4分間隔で特急と普通が交互に出発するダイヤを組む。頻繁に電車を走らせることで待たずに乗れることを利用者にアピールした。

1929年には住吉《すみよし》駅－大石《おおいし》駅間が高架化し、本線から併用軌道区間は消滅。所要時間を短縮し、阪神間は最短48分で結ばれるようになった。

そして1933年には岩屋《いわや》駅－神戸駅（現・神戸三宮駅）間の地下線が開業。同時に阪神は特急の運転を開始し、阪神間の所要時間は35分にまで短縮された。

戦後、阪神は関西私鉄でいちばん早く急行運転を復活させている。そして1954年には19m級高性能電車の3011形を投入して輸送力を増強した。3011形はそれまでの阪神のイメージを覆す大型の車体と丸みを帯びた外観が特徴だった。

3011形が登場したのもつかのま、1958年には本線で5001形が走り始める。停車駅が少ない特急ならともかく、発車と停車を頻繁に繰り返す普通列車は最高速度より加減速性能を向上させるほうが所要時間短縮効果は大きかった。

そのため、阪神は加減速性能の向上を追求した。5001形は加減速性能がすばらしく、「ジェットカー」と呼ばれた。路面電車を出自とする阪神は駅間が短い。そうした阪神の特殊な事情も相まって阪神名物の「ジェットカー」が生み出された。

複雑な運行ダイヤ

全国的な知名度に反して阪神は鉄道事業本体の規模がきわめて小さい。本線の距離は32・1㎞。そんな短い本線に直通特急、特急、区間特急、快速急行、急行、区間急行、普通と7種類もの電車が走っている。大阪梅田駅、神戸三宮駅、元町駅以外は停車駅を把握しづらい。たとえば直通特急や特急は**西宮駅**に停車するのに、それより多くの駅に停車する区間特急は通過する。

また、区間特急が上りしか運行していなかったり、時間帯や平日か土休日、時間帯によっても停車駅が変わったりする。しかも**山陽電気鉄道本線**に乗り入れる直通特急は表示が赤色と黄色の二つがあり、**神戸高速線**内で停車駅が異なる。日常的に利用しているならともかく、たまにしか使わない沿線外利用者や観光客は四苦八苦する停車駅設定といえる。沿線住民はこれほど複雑な阪神を使いこなしているのだから驚くほかない。

阪急とは違った沿線文化が生み出された西宮

阪神間を並走する阪神、JR、阪急の各駅は近いようで、文化も経済も異なり、生活圏も重複していない。とはいえ互いの駅はそれほどの距離があるわけではないから、その地域に住んでいないと微妙な差は感じにくいかもしれない。

そうした阪神間において、その差がわりと実感できるのが西宮だろう。JRと阪神は西宮駅、阪急は西宮北口駅を名乗る。3社の駅はすべて別の場所に立地している。ちなみにJRは2007年に西ノ宮駅から「ノ」をとって西宮駅に改称した。

阪神の西宮駅は立派な高架駅で、大きなバスターミナルと阪神百貨店を核テナントとした大型複合商業施設「エビスタ西宮」がある。

山陽電気鉄道との乗り入れ

大阪梅田駅から元町駅までは短いので、あっというまに到着する。神戸の古くからの中心地への乗り入れのため、阪神のほとんどの電車が元町駅から神戸高速線に乗り入れる。そ

直通特急には乗り入れ先の山陽電気鉄道の5000系も活躍

して、そのまま山陽電気鉄道本線に直通する電車も多い。

　山陽電気鉄道との乗り入れは1968年に始まった。当初、乗り入れ区間は山陽電気鉄道本線の**須《す》磨《ま》浦《うら》公園駅**までで、1998年から直通特急が**山陽姫路駅**まで走るようになる。

　神戸三宮駅は地下になっている。次の元町駅までが本線で、そこから先は神戸高速線に入る。神戸高速鉄道は線路などの施設だけを保有している不思議な会社で、そのため、阪神と阪急が自社の路線として旅客営業を行い、山陽電気鉄道の電車も乗り入れている。大阪梅田駅－神戸三宮駅間でライバル関係にある阪急とは**高速神戸駅**で対面する。高速神戸駅では阪神と阪急が同一ホームで乗り換えができる。とても不思議な感じがするのだが、神戸っ子には当たり前の光景になっているようだ。

直通特急は神戸高速線を抜けて山陽電気鉄道本線に突入。**山陽須磨《すま》駅**付近から車窓に海が見え始める。**舞子《まいこ》公園駅**付近では明石《あかし》海峡大橋も目にできる。そして山陽姫路駅に到着する。

神戸駅−姫路駅間でＪＲ山陽本線と競合する山陽電気鉄道は、阪神と相互乗り入れをする直通特急と、本線と阪神神戸高速線のみを走るＳ特急を運行している。ともに特急料金は不要で座席指定料金なども生じない。ＪＲと対抗することを目的にした無料特急列車という意味合いが強い。本線はほとんどの区間でＪＲより海沿いを走る。車窓を楽しみたいと考えるなら、こちらに乗る選択もあるだろう。

阪神なんば線の開業で変わる動線

阪神の主要路線には**尼崎《あまがさき》駅**から分岐して大阪難波《なんば》駅まで走る阪神なんば線もある。もともと尼崎駅と西九条駅を結ぶ西大阪《にしおおさか》線という支線的な存在だったが、２００９年に大阪難波駅まで延伸開業して近鉄との相互直通運転が始まった。この相互直通運転が始まった

かつてのライバル阪神（左）、阪急（右）が同じホームに並ぶ高速神戸駅　撮影：清談社

ことを機に阪神なんば線に改称。路線が短く、乗客増を狙う阪神にとって、大阪ミナミに直結する阪神なんば線は本線と並ぶ重要路線になっている。

阪神なんば線直通運転の特筆すべき点は、阪神と近鉄で車両のサイズやドアの位置をそろえず、両社の既存車両がそのまま乗り入れている点にある。阪神は3ドア19m、近鉄は4ドア21mが標準で、小さな阪神電車が近鉄奈良線を、大きな近鉄電車が阪神の本線を走る対比は非常におもしろい。

近鉄奈良駅－神戸三宮駅間の直通列車は特急に次いで速い快速特急として運行されるが、快速特急は阪神の直通特急と特急が停車する御影駅に停車しない。同駅のカーブがきついため、近鉄の大型車両が停車すると車体とホームの隙間が広く、乗客が転落する危険性があることが理由とされている。

2014年に神戸三宮駅から近鉄志摩《しま》線の賢島《かしこじま》駅までの団体臨時列車が近鉄の特急車両「Ace《エース》」で運行された。これは臨時列車による運行だったが、乗客からは好評だった。そのため、定期運行化の要望もある。現状、阪神側のダイヤが過密であることや、阪神に特急券の発券システムがないことなどから実現していない。しかし、臨時ながらも運行した実績を残した。今後、阪神と近鉄の直通特急が運行されることは現実味を帯びている。近鉄の「しまかぜ」が阪神を走る日が来るかもしれない。

そして阪神が豪華な特急を運行することだってありうる。そんな期待が膨らむ。

ライバルの阪神と阪急が手を結ぶ

阪神間で阪神と阪急は長らくしのぎを削ってきた。阪急の夙川駅から2駅だけ伸びた甲陽線は阪神が計画していた香枦園《こうろえん》駅（現・**香櫨園駅**）―苦楽園《くらくえん》間のトロリーバス路線を阻止するために建設した路線だという都市伝説のような話もある。

その内実はともかくとして、そうした話が広く語られるほど阪神と阪急は熾烈なライバル争いをしてきた。

そんな阪神と阪急は2005年に村上世彰《むらかみよしあき》氏の阪神電鉄株買い占めに端を発した騒動によって手を結んだ。

大手私鉄はいくつかの鉄道会社を合併して現在にいたっているが、阪神と阪急の経営統合は戦後初の大手私鉄の再編ということで世間から注目された。

そして、経営統合からまもなく15年が経とうとしている。「阪急阪神1dayパス」が発売されたぐらいで、私たち利用者目線でのメリットはそれほど多くない。

しかし、バス運行の再編や統合といった事業効率化、阪神の電車内で宝塚歌劇団のポスター掲出、阪急電車内でタイガースの応援ポスター掲出といった相互の事業PRといった取り組みも目にする。

少しずつではあるが、阪神と阪急は新たな関係を築きつつある。

第13章 近畿日本鉄道
私鉄最大の路線網と特急網

データ

種別	形態	列車名	最長運行区間	距離	使用車両名
特急	○	青の交響曲《シンフォニー》	大阪阿部野橋ー吉野	64.9km	青の交響曲《シンフォニー》
		しまかぜ	近鉄名古屋ー賢島	144.8km	しまかぜ
			京都ー賢島	195.2km	
			大阪難波ー賢島	176.9km	
		（京伊特急）	京都ー賢島	195.2km	伊勢志摩ライナー ビスタEX ほか
		（京橿特急）	京都ー橿原神宮前	58.4km	ビスタEX ほか
		（京奈特急）	京都ー近鉄奈良	39.0km	伊勢志摩ライナー ビスタEX ほか
		（阪伊甲特急）	大阪難波ー賢島	176.9km	伊勢志摩ライナー
		（阪伊乙特急）			伊勢志摩ライナー ビスタEX ほか
		（阪奈特急）	大阪難波ー近鉄奈良	32.8km	アーバンライナーplus アーバンライナーnext 伊勢志摩ライナー ビスタEX ほか
		（名伊甲特急）	近鉄名古屋ー賢島	144.8km	伊勢志摩ライナー
		（名伊乙特急）			伊勢志摩ライナー ビスタEX ほか
		（名阪甲特急）	近鉄名古屋ー大阪難波	189.7km	アーバンライナーplus アーバンライナーnext
		（名阪乙特急）			アーバンライナーplus アーバンライナーnext ビスタEX ほか
		（吉野特急）	大阪阿部野橋ー吉野	64.9km	さくらライナー ほか

近鉄では運転系統に関係なく車両名を愛称としている。ただし、「ビスタEX」は時刻表には記載があるが、駅での案内では表示されない。「アーバンライナー」2車種は案内上は区別されない。

近鉄特急のビジネス需要を開拓した「アーバンライナーplus」21000系

路線図

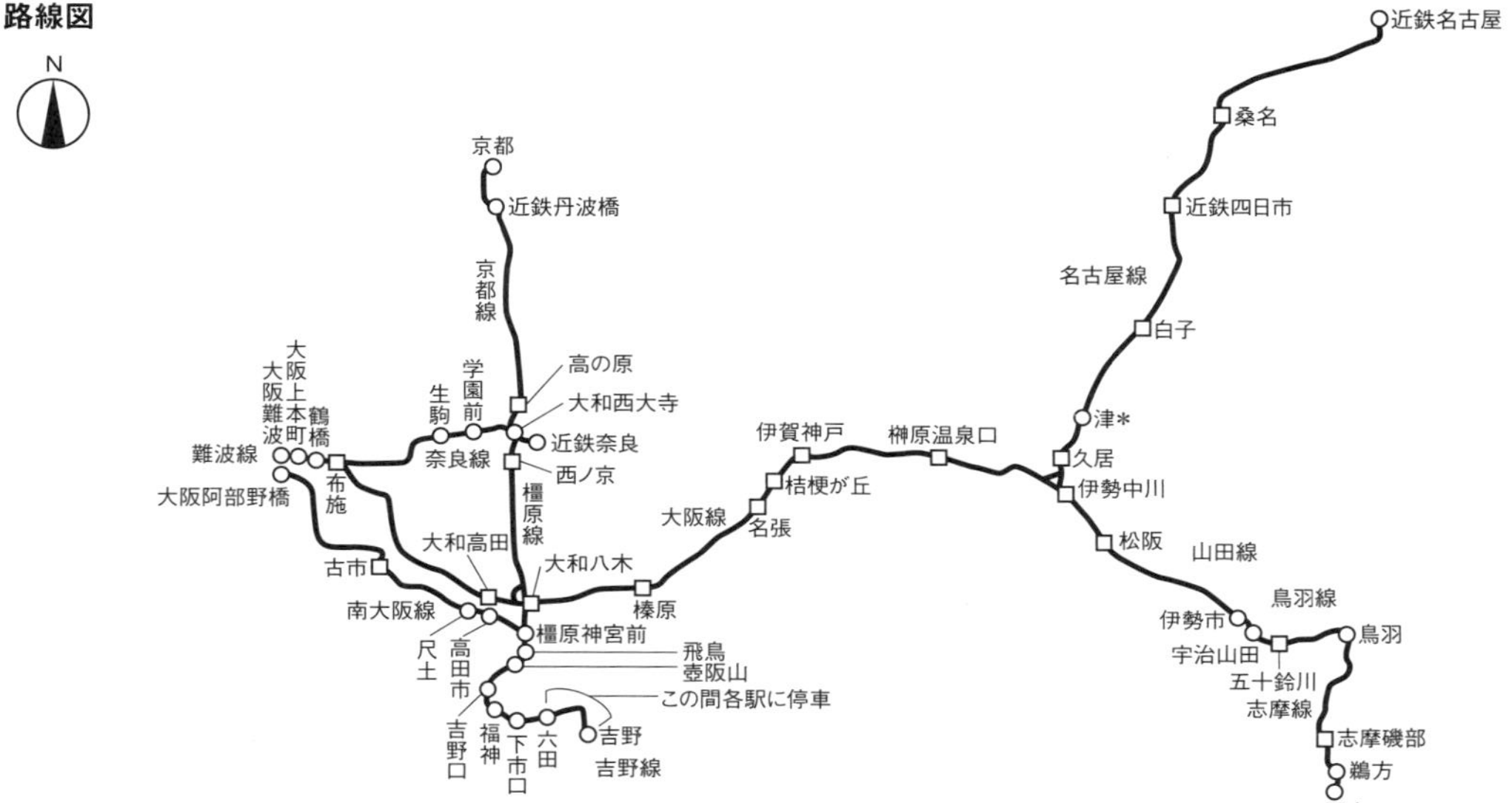

□：一部停車
＊：「しまかぜ」は通過（近鉄四日市に停車）
「青の交響曲」の停車駅は一般特急と同じ（古市は通過）

私鉄最大のネットワークを持つ近鉄

大手私鉄とひと口にいっても、その規模は差が大きい。相鉄は総旅客営業キロ数が大手私鉄のなかで最も短い35・9㎞。

一方、最大規模を誇る**近畿日本鉄道**《きんきにっぽんてつどう》（近鉄《きんてつ》）は501・1㎞にもおよぶ。社名に「日本」が入るだけあって、そのスケールは大きい。近鉄の規模は相鉄に比べて13倍を超える。2位の東武（463・3㎞）と比較しても30㎞以上の差をつけている。

近鉄のネットワークは、それほど広い。

ところが意外にも歴史は長くない。近鉄の前身といえる奈良軌道の設立は1910年。これは関西大手私鉄で最も遅かった。奈良軌道はすぐに大阪電気軌道（大軌）と名称を変更。大阪と奈良を結ぶ線路の工事に着手した。工事で最大の難関になったのは大阪－奈良間の生駒山《いこまやま》で、山を迂回《うかい》するか、トンネルを掘削するか、はたまた同区間だけケーブルカーで建設するか、経営陣たちの意見は分かれた。

結局、大阪－奈良間の所要時間が最も短くなるトンネル掘削案が支持される。しかし、これには莫大な時間と工費を要した。現在は、けいはんな線が使用している生駒トンネルは3388m。現代なら、これくらいの距離のトンネルはめずらしくないが、大正時代にこの距離を掘削することは大変な難工事だった。

生駒山のトンネル工事を完遂させたことで、その後の近鉄は大きく飛躍した。まさに開業前のトンネル工事が近鉄の運命を大きく分けることになった。

古くからのターミナル駅である大阪上本町駅

近鉄の本拠地は、なんといっても**大阪上本町《うえほんまち》駅**だ。

しかし、近鉄は多くの鉄道会社を合併したためにターミナル的な駅がいくつかある。

1970年に近鉄は上本町駅から近鉄難波駅に向けて線路を西進。わずか2㎞の延伸だったが、大阪ミナミの繁華街である難波に進出した。以降も上本町駅は近鉄の本拠地的な存在だったが、**難波線**の開業によって上本町駅は中間駅になった。

さらに阪神が2009年に西大阪線（現・阪神なんば線）を難波まで延伸。これによって近鉄と阪神の線路がつながり、近鉄難波駅は**大阪難波駅**に改称。同時に上本町駅も大阪上本町駅と改称した。そして近鉄と阪神の相互直通運転が開始される。

難波線の延伸開業や阪神との相互乗り入れは近鉄において大阪上本町駅の重要性を低下させる作用をもたらした。最近では大阪難波駅のほうが活気にあふれている。

それでも大阪上本町駅発着の特急は依然として一定の本数がある。近鉄の本社も上本町にあり、近鉄にとって大阪上本町駅が重要な駅であることは間違いない。

駅の配線を見ても、それは伝わる。大阪上本町駅は時代とともに成長を続け、9面8線という巨大ターミナルになった。ラッシュ時はひっきりなしに電車が発車し、その光景は圧巻。まさに近鉄の本拠地という風格が駅の活況から伝わってくる。

大阪上本町駅には近鉄百貨店が併設されており、2010年には新たに大型複合商業施設「上本町YUFURA」がオープン。再開発によって中間駅になった影響を最小限に抑えようという近鉄の意思が見てとれる。

阪神との直通で魅力を増した大阪難波駅

近鉄難波駅から改称し、さらに阪神との相互直通運転が開始されて以降の大阪難波駅は少しずつ集客力を増してきた。大阪難波駅は大阪の大動脈であるOsaka Metro御堂筋《みどうすじ》線や南海、JRとの乗換駅でもある。さらに大阪の繁華街であるミナミの中心にも近い。その点も大阪難波駅が多くの人でにぎわう理由だ。

大阪難波駅は2面3線構造であり、本拠地・大阪上本町駅の足元にも遠くおよばない。

規模が小さい分、発着する電車の本数には大きな差がある。

それでもエキナカの商業施設や地下街に多くの店が軒を連ね、ビジネスパーソンや買い物客で終日にぎわいが絶えることはない。

実際、大阪難波駅の1日平均乗降人員は阪神利用者も合わせると20万人を超える。一方、大阪上本町駅の1日平均乗降人員は8万人に満たない。

大阪上本町駅から見れば大阪難波駅は新参者だが、近鉄が2013年から運行を開始した豪華な観光特急「**しまかぜ**」は大阪難波駅が始発で、大阪上本町駅にも停車する。近鉄社内でも大阪難波駅を重視する傾向が強くなっているといえるだろう。

路線網拡大の歴史

近鉄の鉄道ネットワークが形成される過程において生駒トンネルの開通は外すことはできない。大阪上本町駅－**近鉄奈良駅**間を結ぶ**奈良線**の開業は生駒トンネルの掘削なしではありえなかった（現在は新生駒《しんいこま》トンネルにルート変更）。

近鉄の前身である大軌は、地元の名刹・宝山寺《ほうざんじ》の浄財を借りるという奇策を使って生駒トンネルの掘削に成功し、見事に奈良へと電車を走らせることに成功する。

奈良までの電車を開業させた大軌は、その後も路線網の拡大を検討する。大軌は橿原神宮など神社仏閣へアクセスする鉄道会社を次々と統合して経営規模を拡大した。

奈良県一円に路線網を拡大していくなか、大軌が次に進出しようと計画したのは全国的な知名度を誇る三重県の伊勢神宮だった。

多くの集客を見込める伊勢神宮への線路建設は、その一方で大きなリスクがあった。それが三重県の鈴鹿《すずか》山脈だった。

大阪―奈良間の開業時に大軌は生駒トンネルの掘削にひと苦労した。鈴鹿山脈にトンネルを掘ることは再び大きなリスクと向き合わなければならない。多額の出費が見込まれるだけに、大軌は慎重に伊勢神宮への進出計画を練った。

そこで考え出されたのが子会社の設立というアイデアだった。大軌は伊勢進出のため、1927年に子会社の参宮《さんぐう》急行電鉄（参急《さんきゅう》）を設立。そして1931年には上本町駅―**宇《う》治山田駅《じやまだ》**間が全通する。宇治山田駅は伊勢神宮の最寄り駅になり、大阪から約2時間で伊勢へと到着することが可能になった。大阪から日帰りで伊勢参りができるようになったことで、伊勢は爆発的に観光客が増加した。

参急は伊勢進出と同時に名古屋への進出も計画した。三重県でライバルだった伊勢電気鉄道を合併し、さらなる延伸のために関西急行電鉄《かんさいきゅうこうでんてつ》（関急電《かんきゅうでん》）を設立。これによって大軌、参急、関急電の3社を通る路線ながら、念願だった上本町駅―関急名古屋駅《かんきゅうなごやえき》（現・**近鉄名古屋駅**）間の直通運転を果たした。

大軌、参急、関急電の3社鼎立《ていりつ》は、1940年に参急が関急電を合併し、翌年に大軌と参急が合併して関西急行鉄道（関急）が発足したことで一社に集約された。

グループ会社を次々に統合した関急だったが、戦時の陸上交通事業調整法で南海鉄道と合併。この合併で国内最大の私鉄が誕生。社名は近畿日本鉄道になった。

1947年に政府はGHQ（連合国軍最高司令官総司令部）の方針に則《のっと》って過度経済力集中排除法を施行。そういった時代の流れのなかで近鉄と南海は分離する。近鉄は社名を関急に戻さず、そのまま近鉄を継続使用した。

中興の祖・佐伯勇が生んだ近鉄特急

南海との分離を果たした近鉄だったが、社長の種田虎雄《おいたとらお》は公職追放で退任。後任には幣原喜重郎《しではらきじゅうろう》内閣で運輸大臣を務めた村上義一《むらかみぎいち》が就任した。

村上の本業は政治家だったため、のちに社長を務める佐伯勇《さえきいさむ》がいっさいの実務を取り仕切った。佐伯は近鉄社内で中興の祖と崇められる人物だが、南海との分離直後から新しいサービスを次々に打ち出していく。

1947年には上本町駅－近畿日本名古屋駅（現・近鉄名古屋駅）間で座席定員制有料特急の運行を開始。当時の近鉄は上本町駅－**伊勢中川《いせなかがわ》駅**間と伊勢中川駅－近畿日本名古屋駅間で軌間が異なっていた。そのため、伊勢中川駅で必ず電車を乗り換えなければならなかった。それでも佐伯は「ノンストップ すわれる特急」と銘打ち、専用車両で特急を運行した。

〝ノンストップ特急〟は、「**すずか**」「**かつらぎ**」という愛称がつけられ、利用者から好評を博した。このときの成功体験が近鉄を支える特急王国への第一歩になる。

伊勢中川駅を境に軌間が異なる問題とスイッチバックの解消は近鉄にとって長年の悩みだった。それを解消するきっかけになったのが1959年の伊勢湾《いせわん》台風だった。伊勢湾台風によって近畿日本名古屋駅側の線路は壊滅的な被害を受けた。復旧工事の際に近鉄は線路幅を同一軌間にそろえる改軌工事に着手。上本町駅－近畿日本名古屋駅間を乗り換えなしで行き来できるようになった。

昭和30年代に入ると鉄道各社の車両は続々と高性能化した。同時期に近鉄も新たな特急を生み出す。それが1958年から運行を開始した「**ビスタカー**」（通称「ビスタカーⅠ世」）だった。「ビスタカーⅠ世」は2階建て車両だった。2階建て車両を連結した特急電車は日本初だったため、あっというまに話題になった。そして子どもたちを中心に絶大な人気を獲得する。

「ビスタカーⅠ世」は実験的に製造された車両であり、1編成のみ製造された。近鉄は「ビスタカーⅠ世」が大好評だったこともあり、翌年には通称「ビスタカーⅡ世」を登場させた。

「ビスタカー」は修学旅行用として運行されることが多かった。近鉄の沿線には伊勢神宮をはじめ、京都、奈良という修学旅行向けの目的地があちこちに点在している。そうした沿線環境も手伝って、〝修学旅行といえば「ビスタカー」〟といわれるほどイメージが定着し、近鉄は利用者を獲得することになった。

最大のライバル、東海道新幹線の登場

「ビスタカー」によって多くの利用者を獲得した近鉄だったが、静かに危機が忍び寄っていた。1964年に国鉄が東京駅－新大阪駅間で東海道新幹線の運行を開始したのだ。

〝夢の超特急〟という新たなライバルの登場は近鉄を逆風にさらすことになる。近鉄が走らせていた名阪間の〝ノンストップ特急〟は東海道新幹線の影響を大きく受けて乗客が大幅に減少。一時期はわずか2両編成で運行されていた。

特急が不振に陥ったことで近鉄の業績は悪化した。巻き返し策として近鉄は1967年に12000系「**スナックカー**」を新たに登場させる。「スナックカー」は、その名のとおり車内で軽食を提供するサービスを実施。これは東海道新幹線にスピードで対抗するのではなく、サービスの質で対抗するといった近鉄の意思が込められていた。

1970年には**鳥羽線**《とば》が開業。先に開業していた**志摩線**は飛び地として区間運転を強いられていた。しかも志摩線は狭軌で建設されていたため、鳥羽線の開業に合わせて標準軌へと改軌。志摩線の終着駅である**賢島駅**まで上本町駅から特急が運行されるようになった。

このころ、国鉄の乗車料金が毎年のように値上げされたことにより、近鉄特急と新幹線の料金に差がつき始める。価格差が広がったことで近鉄に乗客が戻ってきた。

このチャンスを逃さず、近鉄は1978年に伊勢志摩特急用の看板車両として開発した通称「**ビスタカーⅢ世**」（現・「**ビスタEX**《エックス》」）を新たに投入。「ビスタカーⅢ世」は4両編成のうち2両が2階建て車両で、1階部分はセミコンパートメントという半個室が設けられている。セミコンパートメントは家族連れの旅行客に多く利用されることになる。

1996年に「ビスタカーⅢ世」はリニューアルされて「ビスタEX」となる。いままでの2階建てという伝統を受け継いだまま車窓を大きくし、内装のデザインも変更。その後も「ビスタEX」はリニューアルを繰り返し、観光用特急として活躍を続けている

ビジネスパーソンに安息を——「アーバンライナー」のゆりかごシート

近鉄は各地に特急を運行しているが、伊勢志摩系統と名阪系統が代表的存在である。名阪系統は東海道新幹線に対抗するために、1988年から「**アーバンライナー**」が活躍。従来の名阪特急より速い「アーバンライナー」は近鉄難波駅―近鉄名古屋駅を2時間ほどで結んだ。

その後、後継車として2002年に「**アーバンライナーnext**」が登場。ビジネス特急の「アーバンライナーnext」が登場したことで旧来のアーバンライナーは段差をなくすなどのバリアフリー改良が施され、「**アーバンライナーplus**」として生まれ変わった。

「アーバンライナーplus」の座席は「ゆりかごシート」と呼ばれる特別構造になっているため、座り心地は抜群。しかも座席の幅は広く、リクライニングもかなり深い角度まで倒

すことができ、移動時間を快適に過ごすための要素として大きなウエイトを占める。大阪－名古屋間は約2時間。長時間とまではいえないまでも、つかのまのリラックスタイムは多忙を極めるビジネスパーソンには至福のひとときになるだろう。

2019年に近鉄は2020年3月14日に新型特急80000系「**ひのとり**」をデビューさせることを発表。これまでの近鉄特急とは打って変わり、深紅一色の外観が斬新と発表直後から話題を集めている。

先頭車と最後尾のハイグレード車両は大きなガラスとハイデッカーによって展望が楽しめる。座席のシートピッチは130㎝で、遠慮なく背もたれを倒せるバックシェルが設置される。

近鉄特急の進化は、とどまるところを知らない。

リゾート地を走る「伊勢志摩ライナー」

近鉄名古屋駅から今度は伊勢志摩方面に乗車する。伊勢志摩方面へと走る特急は1994年にデビューした「**伊勢志摩ライナー**」だ。同年にオープンした「志摩スペイン村」への集客も見込まれて運行が開始された。

「伊勢志摩ライナー」には家族で楽しめるサロンカーが連結されている。サロンカーは家族や団体旅行に適した4人がけのサロンシートと2人がけのツインシートが配置され、6人グループだったら個室感覚で利用できる。「リゾート地に家族、グループでお出かけください」との配慮がなされている。

さらに「伊勢志摩ライナー」は私鉄初の時速130km運転を実現した電車でもある。そのため所要時間が短縮され、伊勢志摩をさらに身近なものにした。車体カラーリングは南欧をイメージしたサンシャインイエローとクリスタルホワイトで、これも「志摩スペイン村」を意識している。

2013年には伊勢神宮の式年遷宮を迎えることから、「伊勢志摩ライナー」は前年にリニューアル。伊勢志摩ライナーの車体カラーはすべてサンシャインイエローとクリスタルホワイトの組み合わせだったが、赤色の車両も新たに追加された。また、時代を反映して各座席に電源コンセントが設置された。

伊勢神宮への玄関口・宇治山田駅で停車。そして宇治山田駅を過ぎて少し走ると左手に海が見えてくる。海には小島がポツンポツンと点在している。真珠の名産地として知られる**鳥羽駅**が近い。残念ながら車窓から真珠の養殖風景は確認できないが、「真珠」と大きな字で書かれた看板はあちこちに立てられている。
鳥羽駅から先の区間は単線と複線が繰り返される。大半は複線化されているが、単線区間が残っていることもあって特急のスピードはそれほど上がらない。そして終点の賢島駅に到着。

近鉄が開発したリゾート地・賢島駅

賢島は伊勢志摩サミットの会場地に選ばれた。2016年のサミット開催時、近鉄の電車は2駅手前の**鵜方《うがた》駅**で乗客を降ろし、空車にして賢島駅で折り返した。そこから橋を渡って、特急は賢島駅に到着する。終着駅ということもあって、駅周辺は静かな雰囲気を漂わせる。

近鉄の伊勢志摩方面進出は1930年から始まっているが、近鉄が本格的にリゾート地として開発に着手するのは戦後になってからだ。高度経済成長期にリゾートブームが起こり、開発が進められていた賢島も観光客で大いににぎわった。特急の直通運転に合わせて駅前も整備。団体用の大型バスが乗り入れ可能になり、賢島は国際観光地として開発が進められていった。現在はリゾートホテル、ゴルフコース、マリンスポーツのスポットが随所に散らばっている。

観光開発が進められるまで賢島は真珠の養殖がさかんで、真珠輸送を目的とする貨物線が敷かれていた。賢島駅から貨物専用線の真珠港《しんじゅこう》駅への路線は廃止されている。

私鉄特急最高峰のグレードを誇る「しまかぜ」

志摩観光の拠点のひとつである賢島駅には、「伊勢志摩ライナー」のほかにも特急が発着する。2013年から運行を開始した50000系「しまかぜ」は先頭車両がハイデッカー構造の前面展望席になっており、4〜6人用のサロン席、3〜4人用の和洋個室、カフェ車両を備える。6両編成の全車両がデラックスシートで、まさに観光のための豪華特急車両といえる。

この豪華特急を1分でも長く楽しみたいなら、私鉄特急最長の運転区間195・2㎞を誇る**京都駅**発の賢島駅行きの「しまかぜ」に乗車するのがいいだろう。「しまかぜ」の座席指定券は運転日の1カ月前からインターネット等で予約できるが、週末の便は秒殺で完売する。それほどの高い人気を誇っている。もちろん値段もそれなりに張る。優雅な時間を満喫したい「しまかぜ」利用者は、そんなケチなことを口にしない。

「しまかぜ」の白い革張りのシートは深く沈み、これは鉄道車両の座席ではないという印象。腰の部分にはマッサージ用のバイブレーターまでとりつけられている。

こうした座席で移動時間を満喫するのもいいが、せっかくなのでカフェも楽しんでおきたい。伊勢志摩の海の幸をふんだんに使ったパエリアもメニューにある。巨大な窓から流れる迫力ある田園風景を見ながらの食事は、もはや朝食なんて言葉では形容できないほどの豪勢な時間だ。お手ふきやコースターなどにも「しまかぜ」のロゴが入っている。こうした細かい点にも近鉄の「しまかぜ」へのこだわりを感じる。

京都線、**橿原線**と奈良線が平面交差し、複雑な線路配置で知られる**大和西大寺駅**に到着。近鉄奈良駅からの乗客を加え、**大和八木《やまとやぎ》駅**から**大阪線**へと入る。ここから**伊勢市《いせし》駅**まで「しまかぜ」はノンストップで走る。「しまかぜ」の最高時速は130㎞。「特急だから、もっと速く走ってもらいたい」という気持ちと、「乗車時間を少しでも長く堪能したいから、ゆっくり走ってほしい」という気持ちがせめぎ合う。

吉野路に調和する「さくらライナー」と「青の交響曲」

近鉄は参急という子会社を設立してまで集客力がある伊勢神宮への進出を模索し、実現

桜で知られる吉野観光によく似合う「さくらライナー」26000系

した。そのほか、近鉄の沿線には橿原神宮や熱田神宮、そして１９９８年に世界遺産に登録された平城宮跡《へいじょうきゅうせき》もあり、２００４年に世界遺産に登録された熊《くま》野《の》古《こ》道《どう》は近鉄沿線からもアプローチできる。近鉄沿線は名所旧跡が豊富に点在している。

伊勢、橿原、熱田の3神宮をめぐるネットワークは近鉄の創業者・金森又一郎《かなもりまたいちろう》が大軌時代から構想していた。

皇紀２６００年の１９４０年には１０００万人ともいわれる人たちが3神宮を巡拝したという。まだ国民のあいだには経済的な余裕もなく、旅行を楽しむ概念は薄い時代だったから、いかに3神宮の巡拝が大きな訴求力を持っていたかがわかるだろう。

その3神宮のひとつである橿原神宮は**橿原神宮前駅**が最寄り駅。皇紀2600年には当時の米内光政《よないみつまさ》総理大臣が閣僚を率いて橿原神宮へ参拝に出かけている。その際、米内一行は京都駅から乗車して橿原神宮を目指した。

京都駅から橿原神宮前駅にも特急は運行されているが、**大阪阿部野橋《あべのばし》駅**からは「**さくらライナー**」や「**青《あお》の交響曲《シンフォニー》**」といった特急で橿原神宮へアクセスできる。せっかくなので、ほかの特急と異なる車内空間が演出された「さくらライナー」や「青の交響曲」に乗車するのもいいだろう。

「さくらライナー」は1990年に吉野《よしの》特急が運行25周年を迎えたことを記念して登場した。登場時は1編成4両だったが、6年後の1996年に2編成を連結した8両編成での運行も始まった。

「さくらライナー」は「さわやかデザイン」「くつろぎ車内」「ラウンド展望」の3大コンセプトをもとに設計、運行され、それらの頭文字をつなげたのが名称の由来になっている。桜の名所でもある吉野路を走るという近鉄の思いも名前に込められている。

吉野の風景を楽しめるように側窓は「アーバンライナー」より上は20㎜、下は40㎜拡大されたパノラマサイズ。先頭車両は丸みのある曲線が特徴的だが、これは運転台の窓を大

ラグジュアリーな空間を提供する「青の交響曲」16200系

きくするという設計上の工夫《くふう》だ。前面が広くなったことで迫力あるフロント・ビューを実現した。

それまで1列が4席のレギュラーカーのみだったが、2011年に「さくらライナー」はリニューアルを施された。これによって1列が3席のデラックスカーが登場。さらなる快適な空間を実現したが、運転台の後ろにデッキが設置されてフロント・ビューは廃止。

2016年に登場した16200系「青の交響曲」は上質な大人旅をテーマに通勤車両を改造した。ブルーメタリックにゴールドのラインが入った高級感あふれる外観で、3両編成のうち中間の1両はラウンジスペースとバーカウンターになっており、客室は2両しかない。ラウンジスペースの窓は縦幅が大幅に縮小されている。そのため、ラウンジの椅子に腰かけてこの窓から外を眺めると、いつも見慣れている景色が違ったものに感じる。

標準軌・狭軌兼用の特急車両の開発を宣言

「さくらライナー」や「青の交響曲」が走る**南大阪線**《みなみおおさか》と**吉野線**は線路幅がほかの近鉄線に比べて狭い。そのため、「しまかぜ」や「伊勢志摩ライナー」「アーバンライナー」は走ることができない。

2018年に近鉄は「フリーゲージトレイン（軌間可変電車）」の実用化に向けた検討を開始すると発表した。フリーゲージトレインが実現すれば、大阪阿部野橋駅から伊勢志摩や近鉄名古屋駅へ向かう特急に乗車することができるようになる。京都駅や近鉄名古屋駅から乗り換えなしで吉野へと観光に来ることもできる。標準軌と狭軌が混在する近鉄だけに、そうした課題解決に向き合ったのだろう。

また、Osaka Metro中央線《ちゅうおう》と直通するため、第三軌条方式で電圧も異なる、けいはんな線に直通できる複電圧車を開発し、近鉄沿線と夢洲を直結する構想もある。

「アーバンライナー」「伊勢志摩ライナー」「さくらライナー」「しまかぜ」「青の交響曲」、

そして「ひのとり」と、ここまで紹介した特急だけでも近鉄特急の層の厚さが実感できるだろう。

このほかにも近鉄には「**ACE**《エーシーイー》」という名前の特急がある。１９９２年に登場した２２０００系「ＡＣＥ」の車体は鮮やかなオレンジ色。車体断面は卵形という愛らしいデザイン。この「ＡＣＥ」２２０００系は車椅子専用座席や化粧室などを設けたり、車内天井には間接照明を使用したりと、乗客への「やさしさ」「くつろぎ」を第一に考えて設計された。

「ＡＣＥ」は２２０００系が標準軌用、１６４００系が狭軌用。

また、その汎用性を生かし、後継車両の「**Ace**《エース》」２２６００系は大阪難波駅から**阪神なんば線**へと直通し、**神戸三宮駅**まで走る団体臨時列車にも使われる。

第14章 南海電気鉄道

斬新なデザインの「ラピート」、勾配に強い「こうや」

データ

種別	形態	列車名	最長運行区間	距離	使用車両名
特急	○	こうや	なんば−極楽橋	63.8km	30000、31000系
	△	サザン	なんば−和歌山港	67.0km	10000、12000系
	○	泉北ライナー	なんば−(和泉中央)*1	27.7km	11000系
	△	天空	橋本−極楽橋	19.8km	天空
	○	ラピートα	なんば−関西空港	42.8km	ラピート
	○	ラピートβ			
	○	りんかん	なんば−橋本	44.0km	11000、30000、31000系

*1：泉北高速鉄道に直通。

自由席車も連結する南海本線の特急「サザン」10000系

路線図

□：「ラピートα」は通過
△：「天空」のみ停車

南海特急となんば駅

南海電気鉄道《なんかい》の主要路線は**南海本線**、**空港線**、**高野線**《こうや》の三つ。この3路線の特急は、なんば駅から発着している。なんば駅から、それぞれ**和歌山市駅**、**関西空港駅**、**極楽橋駅**《ごくらくばし》（高《こう》野《や》山《さん》駅）までを結ぶ。

3路線を走る各特急は、それぞれに独特な特徴がある。まず、名前だけ先に列挙すると、南海本線は特急「**サザン**」、空港線は特急「**ラピート**」、高野線は特急「**こうや**」「**りんかん**」である。

ターミナルの**なんば駅**は1885年に開業した日本最古の私鉄ターミナル駅という歴史を持つ。当時、大阪には国有鉄道の大阪駅と南海の難波駅しかなかった。なんば駅はそれほどの歴史と伝統を有する。なんば駅は正式には難波駅と表記する。駅名標や電車の行き先表示にはひらがなを使う。難波という字が読みづらいという理由なのだろう。

日本最古ということもあり、駅はどことなく古めかしい印象を漂わせている。現在の駅ビルは1932年に竣工した4代目。鉄道省の初代建築課長を務めた久野節《くのみさお》が設計を担当した。古めかしく感じるが、それは悠久の歴史が刻まれている証《あか》しでもある。

開業当時のなんば駅はホームが1面しかなく、2線の発着線が設けられていた程度だった。

当然、乗降客は現在と比べようもないぐらいに少ない。現在は9面8線という巨大ターミナルへと変貌を遂げた。1日平均乗降人員は25万人を超えている。なんば駅は歴史とともに大きく成長してきたのだ。

そして、なんば駅は南海最大のターミナルでもあるが、その枠組みを超えて大阪ミナミを代表する駅になっている。

特急「サザン」で堺へ

なんば駅から特急「サザン」で南下する。愛称の「サザン」からもわかるように、先頭車両の方向幕「サザン」の横に星マークがさりげなくあしらわれて「南十字星」（サザンクロス）を意識している。

「サザン」は全車が特急専用車で運行されているわけではなく、一部に自由席車を連結している。自由席車は運賃のみで乗車が可能なため、お得感がある。

しかし、座席の質は自由席車と指定席車で雲泥の差がある。特急の指定席車はハイグレードなリクライニングシート。対して自由席車はロングシート。自由席者は混雑時にずっと立つことを覚悟しなければならない。「サザン」はビジネス特急としての側面があるため、通勤利用もされている。

なんば駅から約10分で**堺駅**《さかい》に到着。堺は戦国時代に一大商業地として栄えた都市。2019年には大阪府堺市、羽曳野《はびきの》市、藤井寺《ふじいでら》市の広大なエリアにまたがる百舌鳥《もず》・古市《ふるいち》古墳群が世界遺産に認定された。百舌鳥・古市古墳群といわれてもピンとこないが、仁徳《にんとく》天皇陵もしくは大仙陵《だいせんりょう》古墳といえば誰もがすぐに理解する。

また、中世には織田信長《おだのぶなが》が鉄砲を大量生産するために堺を掌握した。そして2006年には念願の政令指定都市へ昇格を果たしている。古代から中世、そして現在にいたるまで、堺市は注目されるほどの存在感がある都市でもある。

大阪から四国まで――幅広い南海圏

泉佐野駅《いずみさの》は南海本線と空港線との分岐駅。そして次が阪南《はんなん》市の代表駅である**尾崎駅**《おざき》。そして、**みさき公園駅**と続く。

みさき公園駅は公園を名乗りながらも遊園地や動物園、水族館などがある総合レジャー施設となっている。しかし、南海は2019年度末をもって、みさき公園の事業から撤退することを表明。南海の撤退後、みさき公園がどうなるのかは決まっていない。

ほとんどの特急「サザン」は和歌山市駅止まりになっている。

その和歌山市駅のひと駅手前の紀ノ川《きのかわ》駅から分かれる加太《かだ》線は「加太さかな線」の愛称のもと、鯛《たい》のイラストをモチーフに通勤車両を改装した「めでたいでんしゃ」を走らせ、沿線住民や観光客に親しまれている。

和歌山市駅から終点の**和歌山港駅**《わかやまこう》までは正式には**和歌山港線**と区分されている。そのため、和歌山市駅から和歌山港駅へと向かう電車は和歌山市駅までの運転本数から大幅に減る。

2005年まで2駅のあいだには久保町《くぼちょう》駅、築地橋《つきじばし》駅、築港町《ちっこうちょう》駅という小さな駅が三つあった。3駅は利用者が少ないことを理由に廃止。そして駅跡は跡形もなく撤去された。

1998年に明石海峡大橋が開通すると大阪から徳島方面のアクセスは高速バスに移った。その影響を受け、和歌山港からのフェリー利用客も減少した。和歌山港から出港するフェリーは南海系列なので、南海本線や和歌山港線にも影響をおよぼしている。

和歌山港駅まで一緒に乗ってきた人たちのほとんどは、そのままフェリーに乗船する。和歌山港駅は、まさに徳島県への玄関なのだ。大阪から紀伊《きい》水道を挟んで徳島県までが南海圏ともいわれる。南海がカバーしているエリアは広い。

インパクト抜群、特急「ラピート」

関西国際空港へアクセスする特急「ラピート」に乗車する。「ラピート」は1994年に関西国際空港の開港を機に、なんば駅と関西空港駅を約35分で結ぶ空港アクセス特急として運行を開始した。

「ラピート」はドイツ語で「速い」という意味だが、「ラピート」の運行速度は最高時速120km。注目すべきは運行速度より斬新な外観にある。電車全体の色はメタリックブルー一色で統一されている。これだけでも強烈なインパクトを放っているが、車両の顔部分は楕円形《だえんけい》。側窓も車内の仕切り扉に利用されている曇りガラス窓も、みんな楕円形が採用されている。

アメリカの蒸気機関車のイメージを融合させたレトロな面構えは独特のフォルムを醸しており、鉄道ファンのあいだでは「鉄人28号」の異名がつけられた。子どもたちからも人気が高いようだが、実物を見ると、それもうなずける。

2014年には運行開始20周年記念企画として『機動戦士ガンダムUC《ユニコーン》』とコラボしたワインレッドの「ネオ・ジオン バージョン」、Peach Aviationとコラボした白とピンクの「出《で》逢《あ》えたらラッキーPeach×ラピート ハッピーライナー」が、2015年には黒一色の『スターウォーズ／フォースの覚醒』号、２０１８年には台湾の交通部観光局などとコラボしたラッピング車両「Meet Colors! 台湾」が登場。斬新なカラーを身にまとった「ラピート」が続々登場し、そのたびにファンの度肝を抜く。

「ラピート」のデザインコンセプトは古きよき部分と未来的な斬新さを融合した「レトロフューチャー」だという。車内は木目調の床になっており、客室全体も木目調の茶系で統一されている。空港利用者が多いことを想定して荷物を預ける荷物棚もハットラック式と呼ばれる飛行機と同じタイプを採用。細かな部分にも工夫《くふう》が凝らされている。

「ラピート」に乗って関西国際空港へ

「ラピート」には2種類の運行ダイヤが設定されている。「ラピートα《アルファ》」は主要駅の堺駅や**岸和田《きしわだ》駅**にも停車しない、いわばノンストップ特急。「ラピートβ《ベータ》」は先ほど乗車した「サザン」のように堺駅や岸和田駅などにも停車する。

なんば駅から「ラピート」が関西空港駅まで直通で運行しているから間違えそうになるが、なんば駅－泉佐野駅間は南海本線。空港線は南海にとって重要な路線になっているが、泉佐野駅、**りんくうタウン駅**、関西空港駅の3駅しかない。

りんくうタウン駅－関西空港駅間にあるスカイゲートブリッジR（関西国際空港連絡橋）は南海とJRが共用する。南海もJRも1067㎜軌間だから共用が実現した。

泉佐野駅の次は、りんくうタウン駅に停車。関西空港の開港を機に新規開業した駅だが、駅周辺は大企業が立地し、公園が整備されている。

りんくうタウン駅を出発するとトラス橋（三角形に組んだ構造の橋）のスカイゲートブリッジRを渡る。視界はすべて海と空。車窓からは鮮やかなスカイブルーがまぶしく、まるで海のなかを走っているかのような錯覚に陥る。このスカイゲートブリッジRは全長3750m。私鉄の鉄道橋では国内最長を誇る。

橋を渡り終えると終点・関西空港駅に到着する。

「こうや」に乗って高野山へ

次は、なんば駅から高野線を走る特急「こうや」に乗車。

なんば駅－極楽橋駅（高野山駅）間を走る高野線は大正時代に入ってから計画、建設された。なんば駅から高野山までが一本に結ばれたのは1932年。南海の長い歴史から見れば、高野線の歴史は比較的新しい部類に属する。

大きな窓から自然豊かな高野山を見渡せる「天空」2200系　撮影:清談社

高野山までの線路工事は勾配や急カーブの連続で難工事だったことは容易に想像がつく。「こうや」は先頭車両の行き先表示に「高野山」と表示されているが、高野山駅まで運行しない。極楽橋駅まで走り、そこからはケーブルカーに乗り換えなければならない。しかし、そんな細かいことを気にする乗客はいない。特急「こうや」の乗客は、ほとんど極楽橋駅からケーブルカーに乗り換えて高野山駅に行くのだろう。

「こうや」の車体は白と赤のツートンカラー。「ラピート」に慣れてしまうとオーソドックスなデザインに感じる。山岳路線を走るため、「こうや」の車体は17ｍしかなく、4両すべてが電動車で編成されている。「こうや」は全車指定席で高野山の雄大な景色を見られるように、先頭車両は大型の曲線ガラスがとりつけられている。そのため、車両全体が流線型になっている。

２００９年には「こうや花《はな》鉄道プロジェクト」の一環として、**橋本《はしもと》駅**−極楽橋駅間の山間区間に新しい観光列車「**天空《てんくう》**」が運行を開始した。「天空」は高野線で使用されていた２２００系という一般車両を観光列車用に改造して誕生。２０１７年には臨時列車から正式に特急に昇格した。「天空」は必ず4両編成で運行されるが、極楽橋駅寄り2両が展望車で、残りの2両が一般車両。一般車両は運賃のみで乗車できる。

２０１５年には高野線と**泉北《せんぼく》高速鉄道**を直通運転する特急「**泉北ライナー**」が登場。金色の車体ラッピングが特徴的で、南海特急に新しいラインナップが加わった。

街でも山でも走行可能の「こうや」の底力

高野線を走る特急は、「こうや」と「りんかん」の二つがある。どちらも、なんば駅から発着するが、「りんかん」は橋本駅が終点。車体長20ｍの平坦《へいたん》区間用の車両を使用する場合、そこから先の区間は高野山へと続く山岳地帯になるため走行できない。

高野線には50‰《パーミル》（１０００ｍ進むあいだに50ｍ登るという意味）という急勾配区間が

高野線の終点・極楽橋駅からケーブルカーで登ったところにある高野山駅

ある。急勾配は鉄道会社にとって泣きどころだが、南海はそうした負の部分をプラスに転換するために急勾配区間のある鉄道会社に呼びかけ、2009年に全国登山鉄道‰会を結成して共同で沿線PR活動をしている。

なんば駅から発着する「こうや」は都市型電車でもあり、山岳路線を走る登山電車でもある。「こうや」はどちらでも力を発揮できる高性能な電車といえる。

橋本駅を過ぎたあたりから車窓には田園風景が広がる。高野下《こうやした》駅では段々畑が見える。南海は高野下駅と**九度山《くどやま》駅**を高野山観光の拠点にすべく、高野下駅には駅舎ホテルを、九度山駅には、かまどで炊いたおにぎりを提供するおにぎりスタンドをオープンさせると発表した。これまでは橋本駅以南は高野山駅まで観光スポットがなかったが、途中駅にこうした観光施設が整備されることで地域活性化が多方面から進んでいくことになるだろう。

高野下駅を出ると急カーブが続く山岳地帯に突入する。電車はブレーキをかけてスピード調整する。レールのきしむ音が響き、急カーブであることを実感させる。

鬱蒼《うっそう》と生い茂る木々に囲まれた極楽橋駅に到着。極楽橋駅は改札を出ることなくケーブルカーに乗り継げる。ケーブルカーで高野山駅に到着。駅舎は威厳を醸し出している。

真言宗《しんごんしゅう》の聖地・高野山は、ここからバスを乗り継ぐ。高野山参詣は鉄道を使っても辛苦の道と実感する。徒歩だけで参詣した昔の人々は、さぞかし大変だっただろう。

なにわ筋線計画で南海が梅田に進出

2017年に南海、JR西日本、施設保有会社である関西高速鉄道の3社に「なにわ筋《すじ》線」が認可された。なにわ筋線は南海の**新今宮駅**《しんいまみや》から南海新難波駅《しんなんば》(仮称)を経由して北《きた》梅田駅《うめだ》(仮称)までを結ぶ新線計画だ。大阪駅の北側に設置される北梅田駅はJR各線との乗り継ぎが考慮されている。中間駅は南海新難波駅、西本町駅《にしほんまち》、中之島駅の3駅で、中之島駅は京阪との乗換駅になることが想定されている。

なにわ筋線の事業目的は関西国際空港と大阪都心部である梅田を直結させる点にある。つまり、なにわ筋線が開業することによって南海の電車が大阪キタの中心部である梅田へ進出する。これまで大阪ミナミを地盤にしてきた南海にとって新たなチャンスといえるだろう。しかし、開業年度は２０３１年春を予定しており、実現は10年以上も先の話のため、詳細が決まるのは、まだ先の話だ。

第15章

西日本鉄道

九州最大の私鉄路線を特急で

データ

種別	形態	列車名	最長運行区間	距離	使用車両名
特急	×	(なし)	西鉄福岡(天神)－大牟田	74.8km	一般車両全般

現在の西鉄特急の中心的存在である3000形(写真は急行として運行時)

路線図

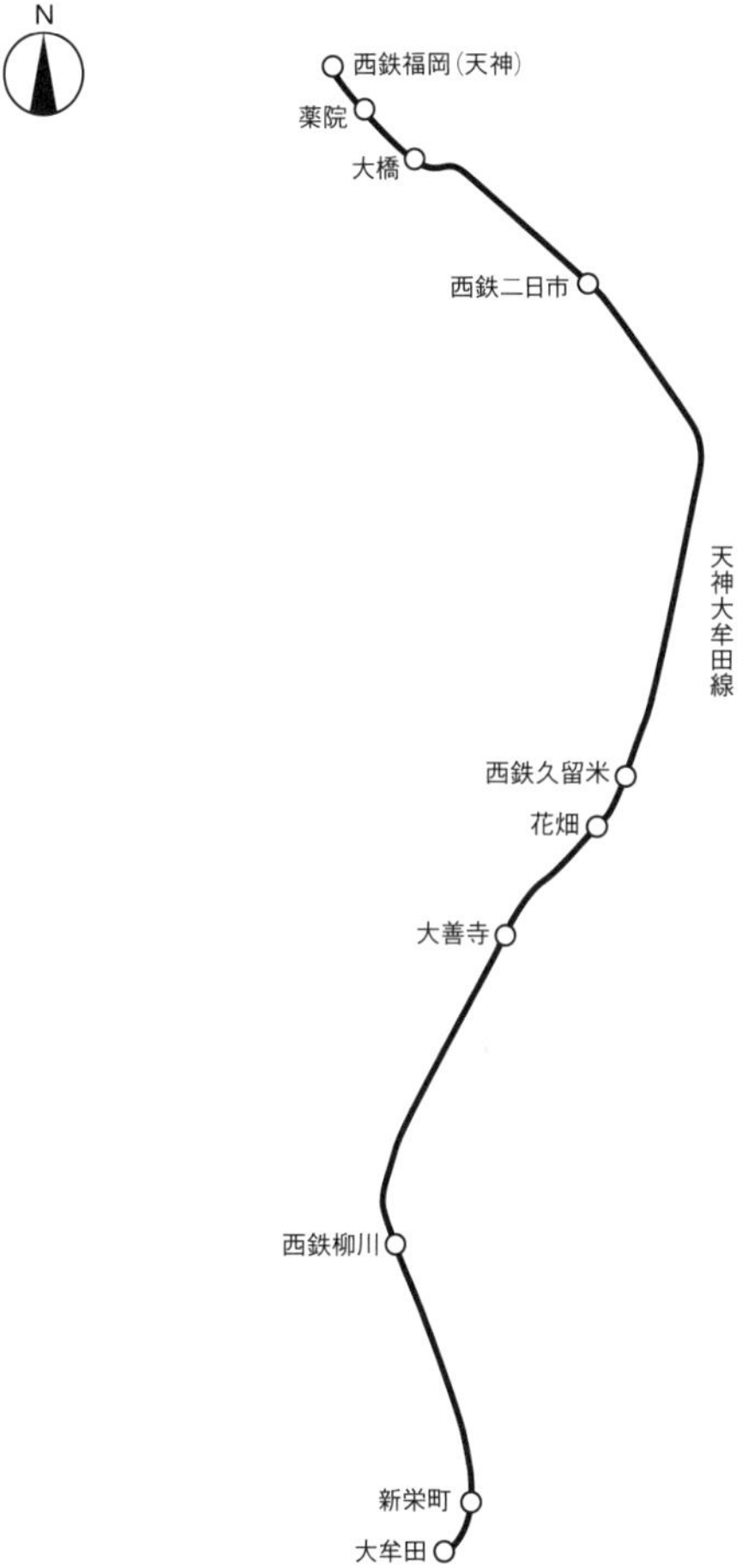

地方私鉄の雄、西日本鉄道

西日本鉄道《にしにっぽんてつどう》（西鉄《にしてつ》）は九州・福岡県を地盤にしている。そのため、関東私鉄や関西私鉄とは異なる独自の発展を遂げてきた。

西鉄は1908年に門司《もじ》電気鉄道と八幡《やはた》馬車鉄道が合同で九州電気軌道が設立されたことから始まる。同社はのちに路面電車の西鉄北九州《きたきゅうしゅう》線（現在は廃止）になった。

現在の西鉄は路面電車を運行していないが、かつては北九州市や福岡市、大牟田《おおむた》市などで広大な路面電車網を築いていた。とくに北九州市内は40㎞を超える広大なネットワークを有していた。

西日本鉄道という社名は、前身のひとつである博多湾《はかたわん》鉄道汽船社長の太田清蔵《おおたせいぞう》（4代目）が提案した。現在、福岡県内だけに路線を所有している西鉄だが、スケールの大きな名前は、のちに広島方面へ進出する意図も込められていた。

西鉄の大動脈・天神大牟田線

県都・福岡市は人口が150万人を超える国内有数の大都市。また、沿線には太宰府《だざいふ》市、久留米《くるめ》市、柳川《やながわ》市、大牟田市といった多くの人口を擁する都市が多い。とくに**天神大牟田**《てんじん》

線の沿線に固まっているため、天神大牟田線は東京圏や大阪圏と同等に通勤、通学のラッシュ時は混雑する。

西鉄には本線が存在しないものの、**西鉄福岡（天神）駅**－**大牟田駅**間を結ぶ天神大牟田線が実質的に本線格と目されている。

そのほか、**西鉄二日市《ふつかいち》駅**から分岐して太宰府駅まで延びる太宰府線、宮《みや》の陣《じん》駅から分岐して甘木《あまぎ》駅まで延びる甘木線、貝塚《かいづか》駅と西鉄新宮《しんぐう》駅を結ぶ貝塚線がある。総延長は106・1㎞。特急が運行されるのは天神大牟田線だけだ。メインルートである天神大牟田線は、ほぼ全線にわたってJR鹿児島本線、九州新幹線と並行している。そのため、つねにライバル意識が強い。

また、貝塚線だけが天神大牟田線と接続していない。2007年まで貝塚線は宮地岳《みやじだけ》線という路線名を名乗っていた。宮地岳駅を含む西鉄新宮駅－津屋崎《つやざき》駅間が廃止になると同時に改称している。

それ以前には福岡市中心部へと路線が延びており、西鉄が運行していた路面電車の福岡市内線と接続していた。福岡市内線に乗り継げば西鉄がターミナルにしている天神にも西鉄電車で行くことが可能だった。現在は福岡市地下鉄箱崎《はこざき》線と接続している。

鉄道業界の常識を大きく変えた2000形

1959年に西鉄が特急を初運行する。運転間隔はおおよそ45分。そして所要時間は西鉄福岡駅（現・西鉄福岡（天神）駅）－大牟田駅間で75分だった。西鉄の初代特急車には2ドア、セミクロスシートの1000形が使われた。もともと1000形の車体カラーはマルーンとベージュの西鉄標準だったが、特急として走るにあたってコバルトブルー、帯の色がイエローという重厚なカラーリングに塗色変更された。先頭車は卵のように丸みを帯びた流線型をしていた。

1973年に新しい特急車両として2ドア、セミクロスシートの2000形が登場する。2000形は、それまでの鉄道業界の常識を大きく変えた車両でもある。

天神大牟田線は通勤需要も多く、それだけに輸送力の増強や所要時間の短縮が課題だった。その一方、西鉄は並走するJR鹿児島本線とも競争しなければならなかった。所要時間を短縮するだけではなくサービスの質を向上させなければ、乗客は鹿児島本線へと流れてしまう。二つの課題を同時にクリアする車両として2000形が開発される。特急用車両でもあり通勤用車両でもあった2000形は西鉄待望の特急車両として走り始めた。

他方、西鉄の与《あずか》り知らぬところで困った問題が起きていた。鉄道愛好家たちで組織される鉄道友の会は毎年優れた車両に1958年からブルーリボン賞、1961年からローレル賞を贈呈している。賞の創設当初、ブルーリボン賞は特急用車両や観光車両が選ばれやすい傾向があったため、通勤用車両を対象にローレル賞が創設された。

西鉄の2000形は特急用車両でもあり通勤用車両でもある。ブリーリボン賞とローレル賞のどちらの対象にもなる可能性を秘めていた。結局、2000形はこの年のローレル賞に落ち着いた。これを機に鉄道友の会はブルーリボン賞とローレル賞の対象を見直した。

1000形と2000形は、ともに特急専用車として運行されてきた。しかし、ともに3ドアに改造され、急行として運行される。そして1000形は2000年に引退。2000形は2010年に引退している。

新たな特急8000形、そして3000形の登場

2000形に代わる特急として1989年に8000形が登場する。8000形は西鉄初の前面展望が可能な運転席を採用し、客席からも運転風景を楽しめる。2ドア、転換式クロスシートのため、西鉄の看板車両として活躍した。

しかし、西鉄特急はビジネスパーソンの利用が多い。間が悪いことに8000形が登場

したころは通勤ラッシュの混雑が問題視されていた時期でもあり、そのために鉄道各社は混雑を緩和させる対策を立てていた。

また、混雑対策のために輸送力の大きい車両を次々に導入していた時期でもあり、8000形はそうした時流とは逆の方向を目指す車両になってしまった。そのため、8000形の運行は混雑率の低い時間帯に回されるようになる。

そして登場から25年が経過した2014年、8000形の一部車両がリニューアルを施されて観光列車「旅人《たびと》」に変身。太宰府線を中心に運行された。

翌年には8000形を改造した柳川観光列車「水都《すいと》」も登場。車体にはイラストが描かれ、カーテンや座席カバーの一部の色を変更。車内にはスタンプ台も設けられた。小規模な改造ながら有料特急や観光列車を走らせていなかった西鉄にとって挑戦的な試みだった。

2017年に初代「水都」が引退。2代目「水都」は新型車両の3000形が改造されている。

西鉄が直通をアピールする福岡の中心地「天神」

西鉄福岡（天神）駅から西鉄特急に乗車。ターミナル駅の西鉄福岡（天神）駅は1日平

西鉄特急史上最高の車内設備を誇った8000形

均乗降人員が約13万3600人。4面3線構造の配線は利用者数や電車の発着本数に比較して小さいように感じる。

　西鉄の電車は行き先を表示する方向幕やサイドボードに「福岡」と表示している。これだけだったらとくに違和感を生じないが、その横に（天神）と書かれている。

　天神は福岡市中心部の地名。西鉄は「繁華街に行くには西鉄が便利ですよ」と、さりげなく、それでいて明確にアピールしているのだろう。

　2001年には大牟田線が天神大牟田線に改称された。これも「天神」を冠することで中心地へ行く電車をアピールする狙いが含まれている。同時にカッコつきだった天神が正式な駅名に変更。さらに強く天神をアピールするようになった。

西鉄福岡（天神）駅は福岡市の中心というだけではない。駅は電車の発着場というだけではなく、九州の拠点ともいえるバスターミナル機能も持ち合わせている。現在の駅舎「ソラリアターミナルビル」は1997年に完成。利用者が増え続けたこともあって、その後も拡張が続いた。

九州最大の私鉄事業者である西鉄だが、高速バスや路線バスの規模も大きく、路線ネットワークは国内で一、二を争う。

まだ多くが残る単線区間

西鉄福岡（天神）駅を出ると電車は市街地を見下ろすように高架線を走る。**大橋駅**《おおはし》を過ぎたあたりで九州新幹線と交差する。そして西鉄二日市駅に到着。太宰府駅にはここで乗り換えになる。

特急は太宰府線には直通しない。普通電車なら西鉄福岡（天神）駅からそのまま西鉄二日市駅でスイッチバックして太宰府駅へと走る電車もある。観光列車「旅人」もここを発着する。

西鉄二日市駅－**西鉄久留米駅**間は天神界隈の喧騒《けんそう》から離れて田園風景が広がる。途中、甘木鉄道の高架をくぐり、甘木線と乗り換えができる宮の陣駅も通過する。

西鉄久留米駅に到着。先ほどまでの風景は一変し、駅のホームからも都会然としていることがわかる。

特急は、この西鉄久留米駅と隣駅の**花畑駅**《はなばたけ》にも停車する。試験場前駅《しけんじょうまえ》から**大善寺駅**《だいぜんじ》までの区間がいったん単線になる。

西鉄の大動脈を担う天神大牟田線に単線区間があるのは驚くが、単線区間はここだけではない。蒲池駅《かまち》－開駅《ひらき》間にも単線区間が残っている。

天神大牟田線はＪＲ鹿児島本線と競合関係にあり、もっと運転本数を増やして誘客したいところだろう。しかし、この二つの単線区間が電車の本数を増やせない要因でもある。

次の特急停車駅は**西鉄柳川駅**。そして終点のひとつ手前の**新栄町駅**《しんさかえまち》にも特急は停車する。新栄町駅は至近に大型複合商業施設「ゆめタウン大牟田」が２００１年にオープンした。新栄町駅の次が終点の大牟田駅。大牟田駅は西鉄で唯一のＪＲとの共同駅。しかし、西鉄とＪＲの協力関係は見られない。

大牟田駅から南は熊本県に入る。福岡を中心に路線網を広げる西鉄だが、戦後まもないころは大牟田駅から熊本駅までの延伸計画を温めていた。それは実現することなく現在にいたっている。

新幹線時代の西鉄特急のこれから

２０１１年に九州新幹線の博多《はかた》駅－鹿児島中央駅間が全線開業。山陽新幹線にも乗り入れし、九州と関西が新幹線でつながった。いままで鹿児島本線と並行するように運行していた西鉄にとっても新たなライバルが登場したことになる。

しかし、新幹線の新大牟田《しんおおむた》駅は街の中心部から遠く離れた場所に開設された。天神大牟田線の利用者が九州新幹線に流れることは考えづらい。もともと西鉄とＪＲの大牟田駅は西鉄のほうが利用者が多かった。新幹線の開業によってＪＲ大牟田駅に停車する特急は激減。九州新幹線開業は、むしろ西鉄に追い風になっている。

２０１９年に西鉄は観光列車「THE RAIL KITCHEN CHIKUGO」を登場させた。通勤車両の６０００形を改造した観光列車だが、筑後《ちくご》地方の新鮮な食事を車内で味わうことができる。内装も八女《やめ》市の竹細工、城島瓦《じょうじまがわら》などの特産品を用いた、きらびやかな空間が演出されている。

観光列車に力を入れ始めた西鉄の3000系「旅人」

　金曜日と土休日の午前中に西鉄福岡（天神）駅を出発する「地域を味わうブランチの旅」は太宰府駅まで約40分。正午前に西鉄福岡（天神）駅を出発する「地域を味わうランチの旅」は約2時間半。夕方に大牟田駅を出発する「地域を味わうディナーの旅」は西鉄福岡（天神）駅着で、所要時間は約2時間半。
「THE RAIL KITCHEN CHIKUGO」は特急と銘打っておらず、特急料金もかからないが、「ブランチの旅」は途中駅に停車しないノンストップ運行。「ランチの旅」と「ディナーの旅」は西鉄柳川駅のみの停車で、残りの駅は通過する。車内で舌鼓を打つ料理はすばらしいだろう。サービスも抜群で、西鉄は〝特急以上の特急〟を登場させたといえそうだ。

主な参考文献

近藤正高『私鉄探検』（ソフトバンク新書）
和久田康雄『人物と事件でつづる私鉄百年史』（鉄道図書刊行会）
和久田康雄『日本の私鉄』（岩波新書）
鉄道史学会編集・発行『鉄道史人物事典』（日本経済評論社）
『東武鉄道のひみつ』『西武鉄道のひみつ』『京成電鉄のひみつ』『小田急電鉄のひみつ』『京王電鉄のひみつ』『東急電鉄のひみつ』『京急電鉄のひみつ』『名古屋鉄道のひみつ』『京阪電鉄のひみつ』『阪急電鉄のひみつ』『阪神電鉄のひみつ』『近畿日本鉄道のひみつ』『南海電鉄のひみつ』『西鉄電車とバスのひみつ』（ＰＨＰ研究所）
『歴史群像シリーズ〔図説〕私鉄全史』（学習研究社）
『週刊 鉄道ペディア』全50巻（小学館）
『図説 日本の鉄道クロニクル』全10巻（講談社）
『週刊 歴史でめぐる鉄道全路線 大手私鉄』全20巻（朝日新聞出版）
そのほか、公文書、公報、官報、自治体広報誌、各社社史、新聞、パンフレット、ポスター、博物館・資料館展示、ＷＥＢサイトなど多くの史料、資料を参考にさせていただきました。

本書は、２００６年に平凡社より刊行された『全国私鉄特急の旅』を大幅に加筆・改筆・再編集のうえ、改題したものです。

イースト新書Q

Q062

私鉄特急《してつとっきゅう》の謎《なぞ》

思《おも》わず乗《の》ってみたくなる「名《めい》・珍列車《ちんれっしゃ》」大全《たいぜん》

小川裕夫《おがわひろお》

2019年11月20日　初版第1刷発行

DTP　松井和彌
編集協力　株式会社 清談社、畑 祐介
編集担当　安田薫子
発行人　北畠夏影
発行所　株式会社イースト・プレス
東京都千代田区神田神保町2-4-7
久月神田ビル　〒101-0051
Tel.03-5213-4700　fax.03-5213-4701
http://www.eastpress.co.jp/
ブックデザイン　福田和雄（FUKUDA DESIGN）
印刷所　中央精版印刷株式会社

ISBN978-4-7816-8062-0